新 大人のための〈読む力・書く力〉トレーニング

東大・慶應の小論文入試問題は知の宝庫

樋口裕一 higuchi yuichi

新評論

プロローグ　大人の〈読む力・書く力〉を身につける理由

サブプライム↓株価暴落↓リーマン破綻↓世界経済危機!?

「二〇〇年に一度の危機」なんて騒がれているけれど、オレたち・私たちの生活はどうなるの?

――〈「危機言説」にちょっとギモンを抱きつつ不安な毎日を送っている〉あなた。


派遣切りで大変な目に遭っている人たちや野宿しなきゃならない人たちを毎日のようにニュースで見るけど、自分はまだ何とかやれている…のだろうか?

ひょっとして私もワーキングプア?

どうしたら自分の人生を切りひらいていけるのだろう?

――〈ワーキングプアかもしれないと思いつつ、日々を生きるので精一杯のサラリーマン〉のあなた。

「市場原理主義は終わった」「これからはエコ市場」とか報道されているけど、
アメリカが倒れたら日本もヤバいの?
経済ってこれからどうなるの?　こんな不景気の世の中で、何をめざせばいいの?

ネットや新聞やテレビのニュースを見てても、何だか先行き不透明。

——**〈経済がどこに向かうのかわからない・将来が見えない〉あなた。**

学校を出て初めて思った、「もっと勉強したい」と。
裕福じゃないし、こんな大不況だから、
大学に入り直すのは難しいかもしれないけれど、
読んだり考えたり書いたり、私にもできるのだろうか。

——**〈もう一度学びたい〉あなた。**

そしてもちろん、**東大・慶應合格をめざす君。**

本書の最終目標は、あなたに、
大人のためのほんとうの〈読む力・書く力〉を習得してもらうことだ。
この本を、ひと月とは言わない、二〜三か月か一年かけて「読んで・解いて」みよう。
かならず生涯を通して役立つ日本語の力が身につくはずだ。

いま進行していることについての「唯一の解答」は、この世界のどんな書物にも書かれていない。

一寸先がわからない、リストラされてしまったらその先どうすればいいかわからない……。

誰もがそんな不安を抱えて日々を生きている。


だからこそ、目先の情報を追いかけるだけでは、問題の解決にはならない。

単なる情報通やマニュアル人間は、時代の潮流に押し流されてしまうだけだ。

ものごとを掘りさげて考え、自分の意見を表現する力が必要なのだということを、誰もが痛感しているのではないだろうか。

この力――**情報洪水に溺れずに問題を整理し、考察し、自分の考えを表現する力**――を、最も効果的に身につけるツールが**小論文**なのである。

本書では、おそらく多くの人が「高嶺の花」「別世界」と思っている**東大・慶應受験者が挑んできた小論文**にチャレンジする。

難問ゆえに、そこには人間が何かを考えるときにベースとなりうる知的材料がぎっしり詰まっているからだ。

それではこれから、東大・慶應的思考力の源泉＝**〈知の基層〉の世界**へ、みなさんをご案内しよう。

新

大人のための〈読む力・書く力〉トレーニング——目次

第2章　東大・慶應小論文は〈知の基層〉の「名曲アルバム」だ——68

第1章

混迷の時代にこそ役立つ情報ツール〈入試小論文〉への招待

「小論文」と言われて、あなたはどんなイメージを持つだろう。入試の一科目、というのが現在の日本では唯一の答えかもしれない。実はそうではない。小論文は、「時間がない・お金がない・労力がもったいない」という現代人にとって、世を騒がせるニュースの背景＝思潮を知り、知の基層の深くまで探検するための、これ以上はないほど便利なツールなのである。

しかもそこにあるのは、一過性の知識の一覧表ではない。人類の知的遺産が惜しげもなくコンパイルされた知の宝庫であり、それらに触れ、考え、書くことは、「自分の頭でものを考える」ための道標を自然に脳に刻むプロセスとなる。

第1章では、「入試小論文」のイメージを完全に払拭し、小論文の訓練が〈思考力を鍛える知的トレーニング〉であることを解説する。

1 ホンモノの文章力とは何か

あなたはなぜ文章に自信が持てないのか

現代人にとって文章は、ますます重要なものになっている。今やメールによる商談や打ち合わせはあたりまえ。会議やプレゼンテーションで企画書の果たす役割は大きい。ホームページやブログを作って、自分の考えを発信している人も多い。

面と向かっての対話であれば、言い直しもできるし、もし言葉足らずで誤解を招いたとしても、拝み倒したり、場合によっては飲みに行ったりして関係を修復できるが、メールやプレゼンではそうはいかない。文章の印象やプレゼンのパワポの完成度、つまりは文章力や情報収集能力によって、能力や人格までも判断されてしまう。今や、そういう時代なのだ。

そのわりに、文章力に自信がある人となると、それほどいないのではないだろうか。友だちとの気軽な携帯メールや簡単な打ち合わせのメールならともかく、商談の絡んだメールや企画書となると、自信を持って書いている人は少ないはずだ。とりあえず書いてはみたものの、「つまらない内容だとバカにされるのではないか」「言いたいことが正確に伝わるだろうか」「これで納得してもらえるだろうか」と不安を感じている人は多いだろう。

あるいは自信満々で出した企画書が、企画の内容ではなくそれを伝える文章に問題があったため通らなかった、という経験はないだろうか。せっかくの良い企画も、それを他人に伝える表現力がなければ通すことは難しい。

こうした悩みは、つまるところ文章力のなさから来るものだ。ここで言う「文章力」とは、たんに文法的に間違いがなく、マナーに適った文章を書く能力のことではない。難しい単語や、美辞麗句を多用した文章のことでもない。そうした文章が必要なら、「美しい文章の書き方」とか「ビジネス文の書き方」といった本から、そのままフレーズをとってくればいい。

それよりも重要なのは、**自分の個性をアピールし、かつ相手を説得させる文章を書く能力**だ。どんなに整った文章でも、どこかで聞いたような内容では、読む側の印象に残らない。それでは何のために書いているのかわからないし、文章に自信が持てないのも当然だ。「他人と違う、いいアイデアを持っている自分」をアピールできてこそ文章に自信も持てるし、他人から評価を得ることもできるのである。

このような「ホンモノの文章能力」を獲得するためには、**大学の小論文入試問題で文章力を磨け**というのが、本書で私が言いたいことだ。なぜ入試小論文なのか。それを説明する前に、まず、つぎの文章を読んでほしい。二〇〇二年の慶應大学法学部で出された小論文の問題と、その解答例だ。課題文を読んで、それに対する自分の意見を述べるというもので、解答例は、「マズい文章」の典型例として出してある。

課題文は文芸評論家・加藤典洋の「背中の効用」からの抜粋で、それほど難しいものではない。「電話」「ウォーターフロント」「陰影・厠《かわや》」「知らないふり」「背中」と、話題が一見脈絡なくつぎつぎ変わり、わかりにくい面もあるが、そのあたりは無視しても大意はつかめる。要は「つるつるしたもの」を通じて、日本の集団主義や現代社会のあり方などを考えさせる文章と捉えればいい。

なお、ページ左の語句説明や解説は、もちろん本書の読者のために特別につけたものだ。問題を解くために特に必要というわけではないが、課題文の理解を深めるために、ぜひ利用してほしい。

「プレゼンテーションの力」が重視されるようになった背景

「会話のあり方」にあらわれる、伝統的文化形態の違い

日本	**欧米**
言葉にしなくても分かる ＝「阿吽の呼吸」「以心伝心」	意識の流れを外に表す ＝presentation を重視

20世紀末から21世紀にかけて日本社会に起きた大きな変化

高度成長を経て1980年代……冷戦終結、急激な円高、日本企業の海外進出、外資系企業との取引増·競争激化
➡プレゼンテーションやディベートの能力、英語力の重視

バブル崩壊から現在へ………デフレ不況、リストラ・転職・失業者急増
世界各地で紛争激化、国際秩序の枠組み再編
政治・経済だけでなく、思想の世界も地殻変動
➡英語力だけでは生き残れない！「自分を表現する」能力への意識が高まり、企業内研修や「プレゼン塾」さかんに

そして2008年「世界経済危機」!?……**〈読む力・書く力〉が今ほど必要とされる時代はない！**

＊＊＊＊＊＊＊＊＊

しかし、焦る必要はない。重く考える必要もない。
お金をかけてプレゼン塾へ通い、
人前で話をさせられて恥をかく…そんなことをするより、
もっと手軽で効果的なツールがこの本なのだ。
プレゼンという技術を学ぶよりもさきに、
まず読む力・書く力＝**基礎プレゼン力**を身につけるべし。
この１冊にじっくりとりくめば、**基礎プレゼン力＝論理的思考能力**が
知らないうちに身についているはずだ。

チャレンジ

二〇〇二年度　慶應大学法学部入試問題

【問題】　以下の文章を読み、著者のいう「つるつるしたもの」に対置されるあなたの言葉を選び、その言葉を選んだ理由を述べたうえで、「つるつるしたもの」とあなたの言葉の二つをキーワードにして自由に論じなさい。

昭和が終った。何か感想を書いたら、しきりに電話をいただくようになった。[1] そう長い電話ではない。一七七番は天気予報の番号だが、その一七七番が逆にかかってくる、そんな気味あいの電話である。耳をすませていると、いろんなことを考えさせられる。

ウォーターフロントという言葉が使われるようになったのは、いつ頃からだったろう。はじめてこの言葉を耳にした時、ヘンな語感の言葉だなと感じたのを覚えている。

その時には、この言葉がこんなに人口に膾炙《かいしゃ》するとは思わなかった。しかしいま考えてみれば、水べりをウォーターフロントと言いかえる、そこには、それなりの理由がやはりあったのである。

ウォーターフロントという言葉からぼくが思い浮かべるのは、何よりも、あのプールの水際である。それはタイルかそれと類似のものに塗り固められていて、つるつるしている。それは水を浸透させない。水を弾《はじ》く。

日本語で「水べり」、「水際」という言葉から思い浮かべられる情景は、全て、あの「汀《みぎわ》」という言葉に代表されるような、陸（?）の部分に水が滲みとおる、あるいは土、砂と水がなじむ、そうした情景である。岸壁や運河におけるような「水際・水べり」、水に隣接しながら、水を浸透させないイメージの水際を示す言葉は、これまで日本語になかった。

「静か」であれば「の声」さえが「岩」に「しみ入る」この国に、静かであれ喧騒にみちてあれ、とにかく、つるつるして、水を弾く水際のイメージがひとの心を摑む理由が現れてきた時、この言葉は登場してきたし、人々の関心はそのような場所に向かうようになった。その順序は、逆ではない、と考えておきたい。

ところで、この水を滲みとおらせないつるつるしたイメージ、水に「なじまない」水際のイメージ、これはいったい何だろう。谷崎潤一郎[2]は『陰翳礼讃』の中にこう書いている。

（友人の――引用者）偕楽園主人[3]は浴槽や流しにタイルを張ることを嫌がって、お客用の風呂場を純然たる木造にしているが、経済や実用の点からは、タイルの方が万々優っていることは云うまでもない。たゞ、天井、柱、羽目板等に結構な日本材を使った場合、一部分をあのケバケバしいタイルにしては、いかにも全体との映りが

注1　加藤典洋（かとう・のりひろ）一九四八生。文芸評論家。七二年東大文学部仏文科卒。『日本という身体』（講談社、一九九四）、『戦後的思考』（講談社、一九九九）など著書多数。文頭の「しきりに電話をいただくようになった」とは、昭和天皇の死の際（一九八九）に新聞に発表した「ヒロヒトと呼ばれた天皇の死に」の「不敬な」内容に対して、「数週間にわたり、有言無言の脅迫ないし抗議の電話を受け」たことを指す。

注2　谷崎潤一郎（たにざき・じゅんいちろう）一八八六―一九六五。東京帝大国文科中退。「刺青」「麒麟」など初期作品を永井荷風に激賞され、文壇的地位を確立。『痴人の愛』『卍《まんじ》』『細雪』など官能美と陰翳に満ちた古典美を展開した作品は文学界に大きな影響を与えた。『陰翳礼賛』はその美的感性で日本文化を鋭く突いた傑作（中公文庫で読める）。

注3　偕楽園（かいらくえん）**主人**　学費の援助を受けるなど、谷崎が終生身内以上に親しくした友人、笹沼源之助のこと。「偕楽園」とは、笹沼の家が茅場町に開いていた東京で最初の中華料理店。

悪い。出来たてのうちはまだいゝが、追い〳〵年数が経って、板や柱に木目の味が出て来た時分、タイルばかりが白くつる〳〵に光っていられたら、それこそ木に竹を接《つ》いだようである。でも浴室は、趣味のために実用を幾分犠牲に供しても済むけれども、厠になると、一層厄介な問題が起るのである。

京都や奈良の寺院の、あの昔風の、うすぐらい、いかにも掃除の行き届いた厠《かわや》の風情は心をなごませる。漱石先生は毎朝便通に行かれるのを一つの楽しみに数えられ、それは寧《むし》ろ生理的快感だといわれたそうだが、それも「閑寂な壁と、清楚な木目に囲まれて、眼に青空や青葉の色を見ることの出来る日本の厠」であればこそのことだろう。関東の厠には床に細長い掃き出し窓がついているので、虫の音や雨の音、鳥の声が聞かれる。おそらく古来の俳人は、ここから無数の題材を得ているに違いない。「風流は寒きものなり」というのは正しい。ホテルの西洋便所で、スチームの温気《うんき》がしてくるなどは、まことにいやなものだ。

ところで、谷崎は、普通の住宅で、こういう日本式の厠を採用しようとして最も問題になるのは、便器だという。厠を清潔に保つために、水洗式の浄化装置をつけ、床をタイル張りにすれば「風雅」や「花鳥風月」とは全く縁が切れてしまう。彼処がそんなに「ぱっと明るくて、おまけに四方がまっ白な壁だらけでは」漱石先生のあの生理的快感もおぼつかない。そこで自分は、浄化装置は導入したものの、自分の家にはタイルを一切用いないようにした。そこで困ったのは、「便器であった」というのである。（中略）

この谷崎の言葉は、あの水を弾く、「つるつるしたもの」が日本の生活にとり入れられる最初の例の一つが、厠の「真っ白な磁器」だったことを教える。「つるつるしたもの」は、その最も対極性の強い場所に現れ、しかも谷崎のような感受性の持主には、「あまりと云えば無躾千万」、「見える部分が清潔であるだけ見えない部分の連想を挑発させる」ものと感じられたのである。（中略）

八〇年代後半の日本の大部分の住民が、なぜ「ウォーターフロント」にひきよせられるか。「つるつるした、水を弾く」、こうした水べりに心ひかれるか。あの湾岸道路から望まれる東京のウォーターフロントは、最初日本人の生活に厠の「真っ白な磁器」として現れたものの拡大した姿なのかも知れないなどと思ってみる。そこでは「見える部分が堅固でつるつるしているだけ、見えない部分の連想を挑発する」。たとえば、西欧の石造りの古来からの都市で、最近になって「ウォーターフロント」に人々が眼を向けはじめたなどという話をきかない。ぼく達は、自分達のいる場所がやがてくる大地震に「液状化」して反応する地盤の上にあることをうすうす感じればこそ、あの、「つるつるした」「硬い」ウォーターフロントにひかれている。ウォーターフロントは、たしかにあの陰翳にみちた場所、水を滲みとおす水べりではない。しかしそれはまた、西欧の都市におけるような水際、均質な岩盤の水への露頭としてのそれでもないのだ。それは柔らかいものをつつむ硬い殻に似ている。ウォーターフロントは、ぼく達自身にたいしても、「つるつるとして」ぼく達の何かを拒む、そのような契機、存在として、おそらくぼく達の心をひきつけているのである。(中略)

ぼくは以前、ある場所で数年間受付事務に従事したことがあったが、あの透明な、あるいは不透明な窓口のあるなしが、そのような仕事にとっていかに大きな意味をもつかに気づくことがあった。他人の前に他人として現れるには、まず自分にたいして他人にならなければならない。「知らないふり」をするには、まず自分にたいして「知らないふり」をしなければならないのである。

谷崎にとって「つるつるしたもの」は陰翳を拒むものとして現れ、谷崎はそれを拒む。しかしいまぼく達に「つるつるしたもの」はやはり陰翳を拒むものとして現れ、――陰翳はぼく達の好むものであるにもかかわらず――ぼく達はそれにひきつけられる。この違いはどこからくるのか。ぼく達はなぜぼく達を拒むものにこそひきつけられるのか。
ぼくはいまその理由をここで考えてみようとは思わない。考えてみたところで、出てくるのはどこかで聞いたような、そんな口吻《くちぶり》をまぬがれない物言いだけだろう。

ただ無言の電話などに耳を傾けていると、自分の中に、あのウォーターフロントを感じる。それは液状地盤と水を隔てる。しかしそれは水と水を隔てている一枚のつるつるしたプラスチック板といっても同じことだ。

それは何かをせきとめているのではない。その板をはさんで水位差のあるものが隔てられているというのではない。水位差は同じ。板をとっても水は流れない。ただ、そこに一枚のプラスチックを置く。自分が、そのプラスチックであるように感じるのだ。

数年間日本でないところに生活して感じたのは、「知らないふり」の効用ということだった。文化というのは、「知らないふり」をするということではないか。その「知らないふり」がどれだけ「知らないふり」として許容されるかが「文化」の目盛りではないか。そんな感想をもった。

カナダにいた時、ある女性と離婚した男性が、そのかつての妻と新たに結婚し、さらに離婚した男性と、ある集まりで隣りあわせる場面にぶつかったことがある。その場にある緊張が流れたが、皆が「知らないふり」していた。やがて二人がその女性の話をはじめた。彼らは「知らないふり」してその女性のをし、その女性との離婚のいきさつを話し、皆が「知らないふり」してそれを聞いた。話されることを避けられた話題はなかった。しかし皆が「知らないふり」して、「知らないふり」することで、何をも避けなかったのである。

人体で最も広い、のっぺりした部分は実は背中だということだ。ジイドがいうように、「去っていく人は背中しか見えない」。去っていく人が背中しか見えないというのは、何と人性のしくみに合致した事実だろうか。

「せなで泣いてる唐獅子牡丹」。時にひとは、その背中の空白に耐えきれずに、背中に紋様を刻み、背中に語らせる。背中の空白そのものを陰翳にする。しかし背中は、やはり空白のままがいい。それが、背中の効用なのだ。

【出典】加藤典洋「背中の効用」(一九八九年)、『「天皇崩御」の図像学』(平凡社、二〇〇一年)所収

悪い解答例

私は、「つるつるしたもの」に対して「ざらざらしたもの」を対置させるべきだと考える。課題文では、現代人がつるつるしたものを好むようになったと語られているが、これから先、つるつるしたものを好む社会でよいのだろうか。

確かに、「つるつるしたもの」にもよい面がある。紙も機械も、上質なものはつるつるしている。ざらざらした紙は安物であって、字を書きにくい。水性のボールペンで書くとにじんでしまう。電化製品もざらざらしたものなど、一流企業の製品にはほとんどないだろう。つるつるしたもののほうが高性能なのだ。現代社会では、いっそう高度な製品にするべく、つるつるしたものを追い求めている。だが、私は「ざらざらしたもの」を好む社会であるべきだと考える。

注4　ジイド　アンドレ・ジイド(André Gide)一八六九—一九五一。フランスの小説家・批評家・劇作家。日本では「ジッド」とも。プロテスタント的道徳規範をめぐる人間存在の相克を描いた『背徳者』『狭き門』『法王庁の抜穴』などの小説をはじめ、社会的関心に基づく紀行作品『コンゴ紀行』『ソビエト紀行』など、いずれもがフランスのみならず世界全土へ大きな影響を与えた。

つるつるした金属的な肌触りは、ぬくもりがない。だが、ざらざらしたものこそ、手作りの肌触りなのだ。木のざらざらした肌触りに、私たちはほっとする。年寄りのざらざらした手にも言い知れぬ人生の重みを感じる。これからは、そのような手作りのぬくもりを持った社会であるべきだ。これまで、社会全体がつるつるしたものばかりを追いかけて、資源を無駄遣いし、次々と木を切って紙を作り、資源を浪費して機械を作ってきた。だが、これからは多少ざらざらしていても、自分で作ったものを重視する社会にするべきだ。自然を守るためには、極度の完成度を求めるのでなく、ざらざらしたものを許容するべきだ。そして、できるだけ新しいものを作らず、物を大切にすることによって、自然を守り、人間の住む地球を大事にできるのだ。

　つるつるしたものは、高度な産業社会になってこそ可能になった。だが、最も人間らしいものはざらざらしている。これからの社会は、ものを大事にし、ざらざらしたものを好む社会であるべきだと、私は考える。

2 「うまい文章」とは何か

独創性と個性が表現できていなければ他人の心には響かない

いかがだろう。文章はきちんとしているし、「これからは、ざらざらしたものを好む社会であるべきだ」と自分の主張もしっかり述べている。環境問題にも触れている。一見、ちゃんとした小論文のように見える。これを読んで、「どこがマズい文章なのか」と不思議に思った人もいるかもしれない。だがこれでは、少なくとも社会人の書く小論文としては不十分だ。もっと言えば、慶應大学に合格するレベルには到底いたっていない。「つるつるしたもの」と「ざらざらしたもの」を対比するばかりで内容に深みがないし、後半の環境問題や現代社会に対する意見にしても、ありきたりで新鮮味が感じられない。読み手を「ハッ」とさせる内容になっていないのだ。つまりこの文章は、主張する内容が平凡で、説得材料もありふれている。そこがマズい文章の典型なのだ。

文章で人にアピールしようというとき、大切なのは「人とは違う、自分にしか言えない意見」を述べることだ。まずそのことを知らないと、どんなに立派な言葉を並べ立てても、うまい文章にはならない。

しかし、単に奇抜なだけではダメ！　論理で説得

そしてもう一つ重要なのは、他人を説得できる文章にすることだ。「人と違う意見」とは、往々にして理解されにくい意見だったり、反対されやすい意見だったりするものだ。たとえば「他人のものを盗んでもいい」という意見を述べたとする。たしかに人と違うだろうが、これだけで他人にアピールすることはできない。「ウケ狙いの意見」と一笑に付されたり、「反社会的な意見」と眉をひそめられるのがオチだ。

そこで重要になってくるのが、「**論理的に説明する能力**」なのだ。「他人のものを盗んでもいい」と主張する理由として、「過去の戦争において、敗者のものを盗むのは勝者の当然の権利であり、戦闘へのモチベーションを高めるうえで欠かせない行為であった」などと歴史的考察を交えたり、「現代人は『自分のもの』というものに、こだわりすぎではないか」と社会学的な見地から「所有」の概念について論じればどうだろう。この意見は説得力を持った意見として、受け入れられる余地も出てくる。

つまり大切なのは、「人と違う意見」を「説得力を持って、論理的に語ること」なのだ。これが現代人に求められている能力であり、そうした文章が書けることを「文章力がある」と言うのだ。

ただし、誤解しないでいただきたい。私は、「人と違う人間になれ」「強烈な個性を持て」と言っているのではない。私の言う個性とは、「その人らしさ」のことだ。わざわざ作ろうとしなくても、個性とは誰もがすでに持っているものだ。人まねをしないで、その自分らしさを隠さずに表に出せば、

それで個性を発揮することになる。

日本人は自分らしさを表に出そうとしない。自分の本当の気持ちを見つけようとしない。じっくり自分で考えようともしない。周囲の人に合わせて、みんなと同じ意見を持とうとする。だが、安易に言い古された意見で間に合わせるのでなく、自分の頭でしっかり考えてほしいのだ。そうすればきっと、個性的で、人と違った意見になる。

他人の意見をそのまま繰り返すのでなく、自分自身でものごとを考え、それを論理的に表現できることを、一般に「文章力がある」と表現するわけだ。ところが、日本人は「みんなと同じ意見」や「曖昧な意見」を好むので、「文章力がある」人が非常に少ないわけだ。

この日本人の特性は、日本人同士でつきあう場合なら、美徳と捉えることもできるだろう。似たような環境、似たような文化の中で育った日本人同士なら、みんなと同じでいることは共同体の一員の証となるし、曖昧なことしか言わなくても納得してもらえた。逆に人と違った意見を言う人は、その社会を破壊する者として歓迎されない存在だったのだ。

だが時代は二一世紀に入り、日本人をとりまく環境も変わってきた。日本は国際社会の中で生きており、日本人の行動範囲も世界中に広がっている。インターネットはまさに、世界とダイレクトにつながる情報ツールだ。そこで評価されるのは、「みんな同じだよね」という仲間意識でも協調性でもなく、「そんな考えもあるのか」と他人をうならせる、個性的で説得力のある意見なのだ。

つまり社会の変化につれて、受け入れられる文章や意見も変わってきていると言える。人と違う意見を論理的に伝えられる文章力が求められる時代になっているのだ。そうした時代の変化を感じているからこそ、自分の文章や意見に自信を持てない人も増えているのだろう。

説得するには何が必要か

そうした変化のわかりやすい例として、ビートたけし氏に対する評価が挙げられる。彼はもともと、毒舌で人気を集めたキャラクターだ。若いころから社会の矛盾や弱者までをネタにする毒舌ぶりで、多くの若者たちの支持を得た。だが一方で、「良識派」の大人たちからは眉をしかめられもしていた。

それがいまや、「世界のキタノ」として映画界をリードする存在だ。かく言う私も氏の映画の大ファンであり、『ソナチネ』や『ＨＡＮＡ－ＢＩ』などは世界の映画史上の傑作だと思っている。そればかりか、たけし氏は活躍の場を広げて、政治や社会に関する発言まで行うようになった。有識者と呼ばれる人で、彼の発言を評価する人は少なくない。テレビ朝日系の『ＴＶタックル』でも、専門家であるはずの政治家や文化人を相手に、しばしば鋭く、しかも笑わせる意見を言って、相手をやりこめる光景が見られる。

では氏が、昔のような毒舌を発揮しなくなったかというと、そうではない。相変わらず人とは違う、ちょっと変わった意見を言っている。それが評価されているのは、やはり時代が「独創的な意見を言う人」を求めているからだといえるだろう。

しかも氏の場合、ただ人と違う意見というだけではない。彼は自分の生まれ育った下町の話や昔の芸人時代の話、映画制作の話などを持ち出して、自分の意見に結びつける。それが話に説得力を持たせ、周囲の評価につながっているのだ。

ではビートたけし氏のような意見を言うのに、特殊な才能が必要かというと、私はそうは考えない。もちろん、たけし氏ほど切れ味の鋭い発言を、すぐにその場で思いつくのは難しい。だが、すこし時間をかけて考えてから個性的な意見を言い、それを自分の得意分野に結びつけて説得力を持たせることは、ちょっと発想法を変えたり訓練したりすることで、誰でもできるようになる。そのための方法を紹介しようというのが、本書だ。

もちろん、一朝一夕にできるものではないが、かといって難しい訓練が必要なわけでもない。そしてテキストとなるのが、先に紹介した慶應の小論文をはじめとする入試小論文なのだ。それではなぜ入試小論文で、「人とは違う説得力のある意見」を述べる能力を磨くことができるのか？　つづいてその理由を説明していこう。

3 入試小論文で思考力・文章力を磨け!

入試小論文が他の受験科目と違う理由――〝小論文の神様〟の実体験

「文章力を磨くのに入試小論文を解くのが一番だ」と言うと、多くの人は、なぜ突然「入試問題」が出てくるのか不思議に思うだろう。暗記中心で、決まった回答を要求される受験勉強を思い出して、「今さらあんなことをしたって、文章力などつくはずがない」と思う人もいるかもしれない。

たしかに受験勉強の多くは、ただ大学に入ることを目的にした無味乾燥なものが多い。勉強した内容の大半は社会で役に立っていないし、ほとんど忘れてしまったという人も少なくない。私も、そのような受験勉強はまさしく思考力を奪うものであり、しないほうがマシだとさえ思う。

だが小論文だけは、ほかの科目のように暗記勉強ではないのだ。私は受験小論文の講師として、これまで数千題におよぶ入試小論文に接してきた。私がパソコンに打ち込んだ小論文の解説を数えてみたら、一〇〇〇題以上あった。これらは、私の主宰する通信指導添削塾や予備校、そしてこれまで書いてきた六〇冊以上の大学入試小論文参考書などで取り上げた課題文だ。ワープロやパソコンで仕事をするようになる前に扱ったものはここには含まれないし、参考書を書くにしても、塾や予備校で使う課題を選ぶにしても、実際に使用する量の数倍の入試問題を検討するので、おそらくこれまでに読解してきた入試問題はゆうに五〇〇〇に及ぶと思われる。

そのような経験から私は自信を持って言えるのだが、入試小論文は、社会人が文章力を身につけるうえで、これ以上ない格好の素材なのだ。

もっとも私自身、最初からそんな確信を持って小論文の指導を行ってきたのではない。小論文の指導を始めた二五年ほど前は、たんなる受験科目の一つとして小論文に接していた。それが数々の入試小論文に接し、自分で模範解答を書いたり、受験生を指導したりするなかで、他の受験科目とは違う、入試小論文ならではの特徴に気づいたのだ。

私は文学が専門で、小論文を教える前、フランスやアフリカの小説の翻訳をしていた。[5] だから実を言うと、本格的に社会科学を学んだことはない。文学や思想は得意なほうだが、経済や法律となると、あまり自信がない。医学問題など、それまで一度も考えたことがなかった。だから、小論文を教え始

注5　樋口裕一の翻訳・全仕事（刊行年順）

〈フランス文学・仏語文学〉A・ルサン『フランス士官の下関海戦記』（新人物往来社、一九八七）、P・クローデル『天皇国見聞記』（新人物往来社、一九八九）、G・バタイユ『エロスの涙』（トレヴィル、一九九五）、M・ガロ『イタリアか、死か――英雄ガリバルディの生涯』（共訳、中央公論新社、二〇〇一）。

〈アフリカ文学〉A・チュツオーラ『妖怪の森の狩人』（トレヴィル、一九九三）、同『文無し男と絶叫女と罵り男の物語』（共訳、トレヴィル、一九九三）、ソニー・ラブ＝タンシ『一つ半の生命』（新評論、一九九二）、同『苦悩の始まり』（共訳、新評論、二〇〇〇）、最新作は西アフリカ・マリが生んだ偉大な語り部、アマドゥ・ハンパテ・バーの自叙伝『アフリカのいのち――大地と人間の記憶／あるプール人の自叙伝』（共訳、新評論、二〇〇二）。

めたころ、社会科学の問題や医学の問題を扱うときには、冷や汗をかいていた。大慌てで本を読んで勉強する必要があった。

だが、しばらくするうちに気づいた。わざわざ勉強しなくても、毎年さまざまな学部の小論文問題を読み、解いていくだけで、何十冊分の本を読む以上の勉強になることがわかったのだ。

毎年、私のもとには数多くの小論文入試問題が届く。かつてはキーワードだけ出されて、「○○について自由に論じなさい」というタイプの問題が多かったが、最近の大学入試小論文では、課題文を読ませ、それについて論じさせるものが多い。そして課題文の多くは、識者と言われる人たちの文章だ。そこには哲学者もいれば、科学者もいるし、文学者や経済学者もいる。

しかも、受験生を対象にしたものだから、それほど専門的な内容ではない。専門的な見地に立ちながら、広く日本社会にまつわる問題を問うているものが大半だ。日本社会に対して肯定的に述べたものもあれば、否定的に述べたものもある。戦前に書かれた論文もあれば、つい最近発表されたばかりの論文もある。日本人の書いたものもあれば、欧米人の書いたものもある。まさに、**圧倒されんばかりの「知」の世界**が、そこにはあるのだ。

私は授業の準備のために、課題文を読んで解説を考え、模範解答を書くうち、考える視点が変化している自分に気づいた。**いま学問の世界で何が大きなテーマとなっているか**も、つかめるようになってきた。毎日のニュースに接するときも、**つねに時代の大きな流れを意識しながら考える**ようになってきた。何かの折に文章を書くときも、課題文を読むなかで身につけた知識が大いに役立った。私自身、小論文を教えることによって、世界の知のエッセンスを得ることができたのだ。

そうした効果は、若い人にはもっと大きいはずだ。

多くの若者は新聞を読んでも知識が身につかないという悩みを持っている。自分に関係のないこととして読んでしまう。いや、そもそも新聞記事には、その時々に起こった事実が報道されているだけだ。どのような背景があってそのような事件が起こっているかについてわかりやすい解説がない。そのため、新聞を読んでもよくわからない。そうするうち、ニュースに関心がなくなって、よほどの事件が起こったときにしか新聞に触れなくなってしまう。

ところが、小論文を勉強すると、しばしば新聞の社説やオピニオン欄と同じような文章が出題され、それについて論じることが求められる。新聞の内容が自分と関わりをもってくる。しかも小論文の課題文は、時事問題そのものではなく、その背景にあるものを分析するような内容であることが多い。

したがって、課題文についての意見をいやいやでもまとめようとするうち、生徒たちは時事問題の背景にあるものについて、社会について、人間について、自分の意見を持つようになってくる。そして、だんだんと視野が広まり、思考力が高まってくる。そして新聞の内容を理解できるようになり、新聞を楽しみに読むようになる。四月には幼稚なことを書いていた高校生が、夏休みを過ぎたころには私に国際情勢について議論を吹っかけに来たりする。

これ一つとっても、いかに小論文の勉強が、人間の知性を育て、知的成長をうながすかわかろうというものだ。と同時に、新聞を読むよりも小論文の問題に触れるほうが、ずっと社会について関心を深めることになることも、わかってもらえるに違いない。

小論文は〝ゲーム感覚〟で解けばいい

課題文を読むだけでなく、設問に応じて小論文を書くことにも大きな効用がある。小論文は受験にしか役に立たない科目ではない。「書く」という行為によって、知的な表現力が高まる。それどころか、考えようとすることで知的好奇心も高まる。しかも書く力をつけるためには、むやみに文章を書き散らすよりも、課題文のテーマについて考えるほうが、思索がまとまりやすくなる。

そして小論文の入試問題集は、いわゆる「赤本」をはじめとして各出版社から出されており、そこにはほとんどの場合「模範解答」が示されている。必ずしもそれらの「模範解答」が高度である保障はないが、少なくとも私の主宰する白藍塾（巻末の案内参照）で毎年公開している、東大や慶應の入試問題についての解説や模範解答は、間違いなく高レベルなものという自信がある。何はともあれ、それを読んでみて、自分の考えたことと照らし合わせて思索を深めることもできる。その意味でも、小論文の問題を解いてみることほど、効率のよい文章上達法はないのだ。

では、どのように小論文を書くか。

私は小論文のことを、自分をいかに知的に見せるかを競う〝ゲーム〟だと思っている。凡庸ではない、人と違った意見を主張し、それを説得するための材料を提示する。うまく材料を見つけ、相手に「なるほど」と思わせれば〝勝ち〟なのだ。受験なら、採点官に「なるほど」と思わせれば合格だ。〝ゲーム〟に強い人ほど、文章力のある人とも言える。

そしてこの〝ゲーム〟は、訓練によっていくらでも上達できるのだ。このことは、私の指導してきた受験生たちを見れば明らかだ。

彼らの多くは最初、極めてありきたりの意見しか書けない。いかにも優等生的で、誰もが口にしそうな意見ばかりだ。そもそも彼らは、小論文で求められる制限字数を書くだけでヒイヒイ言っている。もともと文章を書くのが得意でなく、受験科目にあるからしかたなく書いているケースが大半なのだ。

これは彼らの能力が低いというより、学校の間違った作文教育によるところが大きい。ご記憶の方も多いだろうが、学校では「作文」や「読書感想文」をよく書かされる。「遠足に行ったときの感想を書きなさい」とか「夏休みに読んだ本の感想を書きなさい」といったものだが、大半の生徒はこれを苦痛と感じている。

一つには「きれいごとを書かなければ、よい点数がもらえない」という事情がある。そこでみんなと同じような、ありきたりの文章を書くクセがついてしまう。読書感想文なら、あらすじをざっとまとめたあと、「感動しました」とか「僕も、主人公のような立派な人間になりたいです」などとおざなりな感想を書くといった具合だ。

さらに追い打ちをかけているのが、先生の「思ったことを、そのまま書きなさい」というセリフだ。「思ったことをそのまま」書いて、おもしろい文章になることはまずない。遠足に行って、「楽しかった」「つまらなかった」ぐらいの感想しか持たないことはよくある。だがそれだけでは数行で終わってしまうから、その日の出来事をダラダラ書くことになる。「どこそこへ行った」「誰それと歩いた」といった具合だが、これでは書いているほうもおもしろくないし、ましてや他人をおもしろがらせる文章になど、なるはずがない。

また、パソコンをお持ちの方なら、インターネット上にこうした作文後遺症の人物の書いた文章がいかに多いか痛感しておられるに違いない。ご本人は、自分の意見を社会に向けて発信したいのだろう。その気持ちはよくわかる。だが、構成がうまくなかったり、独善的で論理的に説明できていなかったり、あるいはそもそもアイデアがあまりにありふれているなどで、読むに耐えないものが多い。気持ちだけが空回りして、むしろ稚拙さを際立たせている。こうしたところにも、学校の作文教育の不毛が現れている。

私の教える受験生にも、そんな作文教育の後遺症で、文章を書くのがすっかり苦手になってしまった生徒が多い。だが、作文とは違う〝ゲーム〟としての小論文の書き方を教えると、彼らの文章に対する認識は一変する。

とくに私の指導で受験生たちが驚くのは、「本当のことを書かなくていい」というアドバイスだ。小論文は、勝つための〝ゲーム〟だ。文章で読み手を感心させれば、極端な話、何を書いてもいい。「自分の体験」という手持ちのカードでおもしろいものがなければ、つくり話をして〝おもしろいカード〟をつくってもいいのだ。自分の思っていることが他人と同じで凡庸だという場合もそうだ。たとえ本心でなくとも、読み手に意外性を感じさせるために、〝ウソのカード〟を出してもいいのだ。

このあたりのテクニックは3章でくわしく述べるが、そんな指導をしていくと、受験生たちは「おもしろい文章」「いい文章」とは何かが、だんだんわかってくる。人と違う意見を言うことが重要だということもわかってくる。人と違う意見を言うためには、まずみんなが何を考えているかを知らなければならない。つまりは常識を知ることの重要さがわかってくる。新聞や本を読んで、常識を身につけようという気持ちも生まれてくる。

また独自の意見を言うためには、発想力も必要になる。個性的な意見に説得力を持たせるには、知識や表現力も必要になる。それを決まった枚数に収めるには、論理力や構成力も必要になる。そんなことがわかってきて、さまざまな能力が磨かれていくのだ。

おかげで最初は二〇〇字程度の文章を書くにも困っていた受験生が、一〇〇〇字程度ならいつでも書けると自信を持つようになり、優等生ぶった意見しか書けなかった受験生が、個性的な意見を書けるようになっていくのだ。

さらにうれしいのは、彼らが社会人になって私のところに遊びに来たときだ。みな口々に、受験勉強していたとき以上に、社会人になってから、小論文を勉強したことが役に立っていると言うのだ。企画書やプレゼンテーションの書類を書くとき、同僚たちがうんうんうなっているのをよそ目に、自分はいくらでも書くことができる。どんな材料を集めれば説得力を持たせられるかもわかるので、ふだんから意識的かつ効率的に材料集めができる。だからいざ企画書を書く段になっても、慌てずにすむというのだ。

つまり小論文を書くテクニックは、けっして受験勉強のためだけにあるのではない。いや、社会人にこそ有効なのだと私は確信している。

論述能力を軽視しているのは、先進国では日本だけ！

いま私が述べた小論文の重要性は、欧米人にとっては常識となっている。欧米の学校では、授業で小論文の技術を教えるのは、ごくあたりまえのことなのである。ここで欧米のなかでも、とくに伝統的に論文・論述教育を重視しているフランスのケースを紹介しよう。

フランスの論文・論述教育は、小学校のときから始まる。たとえば日本の小学六年生から中学一年生にあたる学年の国語の教科書を見ると、その中身は完全に論述中心だ。一つの文章を読ませて、それについて子どもたちにどう考えたかを議論させる。ホメロス[6]の『オデュッセイア』、ウェルギリウス[7]の『アエネーイス』、オウィディウス[8]の『変身物語』の抜粋など、ギリシア・ローマ時代を代表する古典作品が載せられ、「テーマは何か」「登場人物はなぜ、そのような行動をとったのか」などを問うていくのだ。

もちろん日本の小学校や中学校でも、そうした授業は行われている。小説や随筆を読ませて、テーマを考えさせたり、登場人物の心理について意見を述べさせたりすることもある。では何が違うかというと、試験問題だ。

日本では授業でいくら討論を行っても、実際の試験に出るのは、多くが漢字の書き取りや文章の穴埋め問題ばかりだ。せいぜいが内容の要約を書くぐらいで、生徒の解釈を自由に書かせることはまずない。

一方、フランスの試験問題は逆に、生徒の解釈を問うような問題ばかりが出る。あるテーマについて、自分はどう考えるのかを理由もまじえて書かせる。生徒たちは、いかにオリジナリティがあり、かつ説得力のある解釈を表現するかを求められる。入試問題も同じで、単語をどれだけ覚えているかといった知識量を問うのではなく、レポートを書かせるような問題が多い。どちらのほうが、議論をしたり解釈が問われたりする授業に身が入るかは言うまでもない。

もう一つ注目したいのはバカロレアだ。バカロレアとは、大学に入学するために受ける入学資格試

注6　ホメロス（Homēros）　古代ギリシアの詩人。生没年不詳。トロイア戦争（前一二世紀？）と同時代か戦後五〇〇年頃の人、など諸説ある。トロイア戦争を綴った二大長編叙事詩『イーリアス』『オデュッセイア』が、その後の文化全般に与えた影響ははかりしれない。

注7　ウェルギリウス（Publius Vergilius Maro）　前七〇—前一九。古代ローマの代表的詩人。晩年の大作『アエネーイス』全一二巻はローマ建国の叙事詩。ホメロスの『イーリアス』の後日譚、『オデュッセイア』の模倣という性格をもつ。人物描写の豊かさと美しい文体が多くの人を魅了してきた。またこの詩人は、ダンテの『神曲』に地獄と煉獄の案内人として登場する。

注8　オウィディウス（Publius Ovidius Naso）　前四三—後一七。古代ローマの詩人。叙事詩『変身物語』は、ギリシア、ローマ、オリエントの神話と歴史伝説から、人間が動植物や星に変わる物語を集めて壮大なスケールでつなぎ合わせた驚異の物語だ。シェイクスピア、ゲーテ、ミケランジェロ、レンブラントなど後世の多くの芸術家をインスパイアした。

験のことだ。この試験の成績によって通う大学が決まってくるのだが、その中身の大半はディセルタシオンと呼ばれる小論文なのだ。

たとえば二〇〇二年のバカロレアの問題では、「言語の多様性は、人びとの相互理解の障害になるか」「私たちは過去よりも現在をよりよく知っているか」「芸術なしに、人は美を語れるか」「権利を守るとは、その人の利益を守ることと同義か」などが出題された。哲学者や歴史学者の文章を読ませ、それを解釈したあとに自説を述べる問題も出された。

このような問題が二〇点満点で採点され、一〇点以上が合格となる。合格率は例年、六〇パーセント程度だという。そして、その年優秀だった小論文が新聞などに発表されるが、それを読むと、さすが自己主張や論理を大事にする国だと感心する。

こうした問題を出すのは、フランスだけではない。イギリスやイタリア、ドイツ、オランダなどでも、大学入学の可否を決める試験は論述中心だ。アメリカの大学入試では、日本と同じように基礎学力を問う問題も出されるが、一方で研究計画書やレポート、小論文などの提出も求められる。

いずれも受験生の自由な発想力や論理的に説明する能力を見ようとしているのだ。はじめから決まった答えを用意し、そのとおりに答えた受験生に高得点を与えるといった問題を出しているのは、先進国では日本ぐらいである。どちらの手法が、のちの人生でも役立つ思考力・文章力の養成につながるかは、言うまでもないだろう。

中学や高校で、論文重視の流れが始まっている

そんな日本でも、いま少しずつ小論文を重視する傾向が芽生えてきている。中学校や高校の入試で、記述式の問題を出すところが増えてきたのだ。東大合格者を数多く輩出していることで知られる開成、麻布、武蔵のいわゆる御三家でも、記述式問題の出題比率が高まっている。

武蔵中学では数年前から、八問のうち七問までが、課題文を読ませて登場人物の気持ちなどをまとめさせる問題になっている。開成中学でも二〇〇一年から同じような問題を出しているし、麻布中学では毎年一問、課題文のテーマを一五〇字程度でまとめさせる問題を出している。

高校入試でも、論理性や表現力を問う問題が登場している。早稲田高等学院や慶應の志木高校などでは本格的な小論文形式の問題を出しているし、推薦入試で小論文を課すところとなると、慶應大学付属のいくつかの高校や一般の公立高校など、その数はさらに多くなる。

公立高校の入試でも、近年、論述を重視するようになっている。八割以上の都道府県で、一五〇字から三〇〇字程度で意見をまとめさせる問題が出ている。東京都の二〇〇一年の国語問題の一つは、課題文を読ませ「『時間』という題であなたの考えたことを、この文章で読んだことを参考にして二〇〇字以内にまとめて書け」といったものだ。これなど制限字数こそ少ないものの、りっぱな小論文の問題だ。

最近、開成中学の二年生の国語の中間テストを見せてもらったのだが、このときは心底、驚いた。フランスの作家ドーデ[9]の短編「コルニーユ親方の秘密」と、新美南吉[10]の短編『おじいさんのらんぷ』

の全文を挙げたあと、次のような問いが出されるのだ。

「『コルニーユ親方の秘密』と『おじいさんのランプ』は偶然の一致とは思われないほど似ている。新美南吉はドーデの作品を換骨奪胎して自分の作品としたと想像される。その想像が正しいものとして、両作品を比較して解説文を書け。南吉がどういう点に不満を持ったか、どういう点をどう改良したか、などがわかるようにくわしく書け」

さすがと言うしかない。しかも、文章の比較については授業で扱ったものの、ドーデの作品も新美南吉の作品も、生徒たちは試験日に初めて触れるものだったというのだ。このような問題に中学生のころから接していたら、東大にらくらく合格する力がつくのも当然だ。

今後も中学入試や高校入試で小論文形式の問題が増えてくれば、小学校や中学校の授業でも、「論じさせる」ことに主眼を置いた授業を行うようになるだろう。「思ったことをそのまま書け」という作文教育しか知らず、漢字や文法を教えることにばかり熱心だった教師に、どれだけ小論文を教える能力があるか、疑問は残る。それでも喜ばしい流れに向かっていることは間違いない。

入試小論文は社会人にとって格好のテキスト

このように、時代の変化に従って、学校ではすでに小論文教育を行いはじめている。これからの小学生や中学生、高校生は、作文でなく、小論文を学ぶ機会が増えてくるだろう。そうして個性的なアイデアを持った生徒、論理的に意見の言える学生が、どんどん育っていくはずだ。

となると残るは、すでに社会人になっている人たちだ。これまでまともな小論文教育を受けてこなかったため、個性的なアイデアの出し方もわからないし、論理的な文章とは何かもわかっていない。「社会人のための小論文講座」といったテキストでもあればいいが、残念ながら小論文の重要さに気づいていない日本に、その手の本はほとんどない。

ではどうすればいいかというと、そこで注目したいのが大学の入試小論文なのだ。じつは**入試小論文は、受験生以上に、社会人がやってこそ意味のある問題**ともいえる格好のテキストなのだ。

入試で出される小論文問題には、「これから大学で、こういうことを考えられる学生になってほしい」という大学側の希望が多分に含まれている。アカデミズムの世界に生きている人間が、アカデミックな内容を問うているのだ。そのような高度な問題に対して、高校を卒業したかしないかの受験生が、はたしてどれだけ意味を理解できるか疑問だし、書く内容となればなおさらおぼつかない。

ところが社会人は違う。社会に出て、さまざまな人と出会い、仕事を経験するなかで、高校時代よりもずっと、いろいろなことが考えられるようになっている。知識も増えているし、視野も広がって

注9　ドーデ（Alphonse Dauder）　八四〇―九七。南仏プロヴァンスを舞台にした短編集『風車小屋だより』で一躍有名に。これには「コルニーユ親方の秘密」の他、ビゼーの作曲で有名な「アルルの女」などが含まれる。

注10　新美南吉（にいみ・なんきち）一九一三―四三。児童文学者。童話『ごんぎつね』が有名。第一童話集『おぢいさんのランプ』によって新人作家として嘱望された矢先、咽喉結核のため三〇歳に満たない短い生涯を閉じた。その生涯と創作活動の全貌は、浜野卓也『新美南吉の世界』（新評論）に詳しい。

いる。そうした知識や視野をもとにしてこそ、本当に個性的で説得力のある小論文も書けるのだ。

もう一つ、逆説的だが、大学の入試小論文が社会人に適しているのは、それが高校生向けに出されたものだからだ。社会人ともなると、仕事やら家庭やらで忙しい。文章力をつけたいと思っても、そのための時間をなかなかとれないのも現実だ。高校生を対象にした入試小論文なら、制限字数は一〇〇〇字程度と手頃だ。これなら書くのにも、それほど負担にならない。

しかも一〇〇〇字程度の文章を書くのは、構成力を磨く訓練にもなる。あとで述べるが小論文は、「問題提起」「意見提示」「展開」「結論」の四部構成で書けというのが、私の持論だ。この四部構成で書けば、誰でも論理的な文章を書くことができる。そしてこの四部構成の〝リズム〟を覚えるうえで、一〇〇〇字程度の文章というのは、多すぎず少なすぎず、ちょうどいいのだ。

また最近の入試小論文は、課題文を読ませてそれについて論じさせる形式が多い。当然、課題文を読み解く能力が必要で、これは読解力を養うのにも役立つ。「本を読むのが苦手」「読解力をつけたい」と思っている社会人は多い。しかし、そんな人は、日々の生活に忙しくて本一冊読むだけでもひと苦労だ。話題のビジネス書や経済書を買ったはいいが、最初の一〇ページほどで息切れして、「やっぱりダメだ」と放り投げた経験のある人も多いだろう。

一方、入試小論文の課題文は、本一冊に比べてはるかに短い。制限時間が一時間か、長くても二時間といったなかで課題文を読ませ、かつ論じさせようというのだから、必然的に課題文は短いものになる。その一方、何かを論じさせるために使う文章だから、読みごたえのあるものが多い。文章量が短く、読みごたえのある点が、読解力を養うのにぴったりなのだ。こんな都合のよいものがあるのだから、利用しない手はない。

あらゆる知的能力を伸ばすのが小論文だ

私は受験生に小論文を指導するようになって二五年になるが、彼らを見ていて実感するのは、文章を書けるようになった生徒はみな一様に総合的な学力が上がっていくということだ。彼らは小論文が得意になることで、国語の成績が上がるばかりか、英語や社会科の成績も上がっていくのである。

これは「小論文を書く」という行為が、思考力を高め、社会や人間を見る目を養っているからだろう。入試小論文では、世界史や日本史、哲学、政治経済といった人文・社会科学系の問題を扱うこともあれば、物理や科学、生物といった理系の問題を扱うこともある。英語で書かれた課題文の場合もある。

そんなさまざまなジャンルの課題文に触れ、自分の意見を述べていくうちに、自然といろいろな科目に興味を持つようになる。それも、たんなる暗記ではなく、「自分と関わりのある問題」として積極的に学習するようになる。それが深い思考力の養成につながり、自然と学力アップにつながるのだ。これは、もちろん社会人にも当てはまる。

また、絵や写真、グラフや図表などを示し、そこから読み取った内容について論述させるものもある。こういう問題に対応するには、絵や写真は何を訴えているのか、グラフや図表は何を指し示しているのかを理解する能力を磨かなければならない。それが読解力や洞察力、問題発見能力のアップにもつながっていく。このような能力を身につけてこそ、たとえば会社の売上傾向を分析し、問題点を見出すといったビジネス上の能力も高めることができるようになるのだ。

さらに、ものごとを総合的な視点から考える能力も身につく。たとえば、「ＩＴ社会」について意見を求められたとする。これに対する答えを考えるときは、さまざまな角度からのアプローチが可能だ。コンピュータと人間との関係を考えてもいいし、コンピュータと日本文化の関わりから考えることもできるだろう。ＩＴによって世界がどう変わるかを予想してもいいし、ＩＴと他の科学技術を結びつけて考えることもできる。もっと身近な問題として、家族や友人たちと結びつける方法もあるだろう。

そうしたいろいろなアプローチ法があるなかで、最も個性的で、かつ説得力を持って論じられる方法を選ぶのが、小論文のテクニックなのだ。このアプローチの抽出《ひきだし》が多いほど、小論文のレベルは高いものになる。レベルの高い小論文を書くためには、さまざまな知識が必要で、さらにそのなかから自分の主張に応じて情報を取捨選択していく能力が求められる。これがすなわち、情報収集能力を高め、総合的な視点から考える能力を磨くことになる。

もう一つ、多様な価値観を認める視野を養うことにもなるだろう。数学や国語の問題と違い、小論文の正解は一つではない。「模範解答」というものがあったとしても、そのとおりに書かなければダメということではない。読み手を納得させることさえできれば、かりに模範解答と逆のことを書いても評価される。

そして小論文の能力を磨くためには、自分とは違う価値観の解答も受け入れる柔軟さが必要だ。自分の考えとは違う模範解答を見て、それがなぜ正解なのかを考えてみる。そこから、自分とは違った価値観があることを学ぶことができる。

現代社会は、かつてよりずっと多様な価値観によって成り立っている。社会的に高い地位にある人が「自分は同性愛者だ」と告白したり、日本で大成功を収めた人が、それまでの実績を捨てて海外で一からスタートすることも珍しくない時代なのだ。昔の日本なら考えられなかったことが、あたりまえになっている。そんな時代にあって、さまざまな価値観が世の中にあることを認めるうえでも、小論文は良いトレーニングになるのである。

4 入試小論文で〈知の基層〉を身につけよう

入試小論文の共通テーマは〈知の基層〉

社会人にこそ入試小論文に取り組んでほしい理由は、もう一つある。それは入試小論文で使われる課題文のレベルの高さだ。入試小論文で出される課題文には、〈知の基層〉に触れるような高度な内容のものが非常に多いのだ。

ここで言う〈知の基層〉とは、ものを考えるうえでの核となる知識のことだ。詳しくはこれから述べるが、時間が経っても古びず、一〇年後、二〇年後にも通用する知のエッセンスである。表層的なことに振り回されず、ものごとを本質的に捉えるうえで欠かせない知識とも言える。

もちろん入試小論文といっても、そのレベルはさまざまだ。なかには小論文というより、〝お行儀のよい作文〟を期待しているような大学もある。とくに女子大や福祉系の学部などで、そうした傾向が強い。「環境」「命の大事さ」「ボランティア」などといった問題が出され、道徳的で当たり障りのない文章をしっかりした日本語で書けば合格点がもらえるのだ。課題文にしても、その主張は「環境を大事にしなければならない」「人間の命こそ最も大切だ」といった常識的なものがほとんどだ。

社会人がとりくむには、これではいささか物足りない。かつては四年制大学でも、そうした問題を出す傾向が強かった。だが現在、いわゆる難関校とされる大学では、〈知の基層〉に触れるような課題文を出し、それについて論じさせるところが増えているのである。

その背景には、いろいろな事情があるだろう。多くの大学では、小論文入試を始めて一〇年以上が経つ。さまざまな経験を通じて、〈知の基層〉を扱った課題文のほうが学生の能力を見定めやすいと気づいたことが、まず考えられる。

もう一つ考えられるのは、大学の出題者の受験生に対する期待だ。彼らはいま自分たちがとりくんでいる問題について、受験生にも考えてほしいと願っている。そこで〈知の基層〉に触れるような文章を読ませようとしているのだ。先の理由より、むしろこちらのほうがより強い動機だろうと私は思っている。

知の世界ではしばらく前から大きな地殻変動が起こっている。ルネサンス以来続いてきた従来の知的傾向とは考え方が著しく変化し、政治や思想など、さまざまな分野で新しい議論がなされている。小論文の出題をする大学の教授や准教授レベルの人たちは、ふだんからそれらの議論を追いかけ、思想問題に親しんでいる。なかには、自分でも論文や本を書いている人もいるだろう。

出題者たちはそのような問題を、現代人であれば絶対に考えておいてほしいと思っている。ところがいまの高校は、生徒にそのような指導をしていない。そこで、自分が考えている問題についてやさしく書かれた文章を入試問題に出して、受験生に少しでも考えさせようとしているのだ。

その意味でも入試小論文の課題文は、社会人が読むにあたって非常に読みごたえのあるものになっている。まさしく、いまアカデミズムの世界で議論されている問題が出題されているのだ。

小論文は「大きな流れ」を問うている

「入試小論文には時事問題が出る」と思っている人が多いようだが、実は時事問題そのものよりもむしろその背景になっていることがテーマとして出題されることが大半である。「九・一一」同時多発テロ事件にまつわる問題を出したいと出題者が考えた場合、事件そのものの詳細ではなく、その背景にあるものが問われる。たとえば、「近年のアメリカとイラクなどとの戦いはキリスト教文明とイスラム教文明の対立が大きな原因だといわれるが、それは本当なのか。そのような対立そのものが先進国の作り上げた虚構ではないのか」「先進国の横暴と富の独占に対して、途上国が怒りを感じることに、正当性はあるのか」「正義のためと称して外国を攻撃することに、果たして正当性があるのか」「そもそも、グローバル化は本当に人を豊かにするものなのか」などが問われる。オウム事件のときも、「現代における宗教の意味」「思想信条の自由をどれほど認めるべきか」などの問題が出された。

つまり個々の事件のような、つぎつぎと移り変わる事象ではなく、しばらくの間続く大きな流れのなかで考えることが求められているのである。なかでも大学の入試小論文でとりあげられるのは、**「モダンとポストモダン」**の問題を扱ったものが多い。逆に言えば、ポストモダンについて知っていれば、かなりの問題について考える手がかりがあるということでもある。

「ポストモダン」という考え方が学術界に入ってきたのは、一九七〇年代半ばだ。以後、学術界では「ポストモダン」が大きな問題になり、それが今日も尾をひいて、入試小論文にも登場しているわけだ。

モダンを日本語に訳すと「近代」であり、ポストモダンとは「近代の次」を意味する。「反近代」

とか「脱近代」などと訳されることが多い。入試小論文を解き、〈知の基層〉に触れるうえで、モダン、ポストモダンの考え方は最低限知っておきたい。そこで以下にこの二つの考え方について簡単に説明しておこう。

近代（モダン）と反近代（ポストモダン）の二項対立

一言で言えば、**モダン**＝近代精神とは、ルネサンス以来のヨーロッパの「**理性重視の考え方**」だ。近代以前の、神を中心とした信仰の世界を否定し、何よりも理性を重視し、理性を持つ人間を中心に考えようという知的傾向である。

理性を持つ人間を何よりも重視するので、人間が神に代わって他の生物の上に君臨するべきだと考え、地球を統治するようになる。また、人間の生命と理性が何よりも重視されるので、理性的に社会を築こうとする姿勢を生み出すことになる。こうして民主主義という考え方が誕生し、同時に、理性を発展させた「科学」が生み出され、宇宙の原理を解明したり、環境を人間に都合の良いものに変えることができるようになった。

このようなヨーロッパ近代の考え方が世界中に広まったのが二〇世紀だったと言えるだろう。こうして、ヨーロッパの価値観が普遍的価値とみなされるようになったわけだ。現代の日本が民主的で、科学によってさまざまな事象を解明し、産業によって物質的に豊かな生活を送ることができているのも、ヨーロッパの近代精神のおかげと言っていいだろう。

ところが、このような近代の考え方に反対する思想の潮流が徐々に大きな力を持つようになってきた。現代世界は、近代精神を守るべきだというモダンの考えと、近代精神を改めるべきだというポストモダンの考えの間で分かれていると言っていいだろう。

ポストモダンの考えを推し進めようとする人々は次のように考える。人間は理性重視によって科学を生み出したものの、反面、環境を破壊をし、近代兵器を使った残酷な戦争を行ってきた。人間重視ということはつまり、他の生物を人間の犠牲にすることであって、いまや人間はそのしっぺがえしを受けているではないか。

しかも近代において重視された「理性」とは、もっぱらヨーロッパ人の大人の男性が持つものとされ、彼らこそ最も優れた人間だという価値観と表裏だった。それがひいては、理性的でない人間、女性、子ども、知能や精神に障害のある人、老人、そして非西洋世界の人間を劣った存在として差別する序列構造を生んだ。

また、このような理性中心の考え方のために、世界中が生産至上主義、経済至上主義になって、どれほどの経済力を持つか、どれほどの生産をするかによってのみ人間の能力が計られるようになった。そのために今、世界中の人々があくせくと競争し、人間らしい生活を失ってしまっている。そして、理性的すなわち効率よく働くことばかりが求められるようになったため、高齢者や障害者など、生産力の弱い人が差別されるようになった。そんなわけで、近代的思考にはあちこちから反発が生まれている。

いやそもそも、**人間というのは非理性的存在であるはずだ。**人間は感情にとらわれて、損だとわかっていることをする。人間がたくさんの狂気じみた考えを持っていることは、時折襲われる激情や、夢の中で行われていることを思い出せばすぐにわかることだ。そのような人間に理性を強要することは、むしろ人間性を抑圧することにほかならないのではないか。近代の理性重視とは結局、人間性の否定だったのではないか。

このように、近代擁護派と反近代派とが論争しつづけ、どちらの方向に進むべきかで揺れているのが現在の状況なのだ。言い換えれば、何かを考えるとき、この二つの理念のせめぎあいとして捉えると、問題の構造がわかりやすくなることが多い。

現実世界での近代と反近代のせめぎあい

現在起こっているさまざまな問題は、この二項対立のせめぎあいによって生じているといっても過言ではない。逆に言えば、この二項対立を捉えておけば、現代社会の多くの出来事を深く理解することができる。これは学生ばかりでなく、とりわけ社会人にこそ求められている素養と言えるだろう。

たとえば、**グローバリゼーションと反グローバリゼーション**という対立項も、この近代・反近代の対立にあるていど対応している。言うまでもなく、現在に至るグローバリゼーションの動きは、おおまかには「近代化」推進の動きの一環として捉えられる。グローバリゼーション推進派は、西洋中心主義的な価値観に基づいて、理性重視、民主主義、市場経済を欧米から世界全体へ広めようとしてきたと言えるわけだ。またとくに、一九七〇年代から盛んに政策化された考え方として、市場原理を最優先し、あらゆるものごとを経済効率の観点から価値判断する立場を**新自由主義（ネオリベラリズム）**と呼ぶ。一時期よく報道されたアメリカのネオコン（新保守主義）も、内実はほとんど新自由主義と同義とみなしてよいと思われる。

だが一九九〇年代以降、こうした動きに対して、反グローバリゼーションの立場から激しい異議申し立てがなされるようになってきた。反グローバリゼーションの側は、地域独自の文化や宗教、人間らしい生産・消費・生活、多国籍企業主導の搾取的な経済システムや効率偏重による人間性の剝奪、差別構造の解消などを求めて、新自由主義的グローバリズムに抗い続けている。

両者のせめぎあいがあらわになった直近のきっかけの一つは、二〇〇一年の「九・一一」とその後のアフガン戦争、イラク戦争、つづくアメリカ主導の「対テロ戦争」だった。自分たちの「正義」を世界に押しつけようとしたアメリカの新自由主義者たちは、まさしく近代主義的・モダン的である。それに対して、攻撃を受けたイスラム圏の人々は宗教を重んじる生活を守りたいと考えているから、はげしく抵抗する。これを、新自由主義者たちは「西洋由来の民主主義を否定する前近代的な考え方」「非民主的なイスラム圏」と糾弾してきた。逆にイスラムの文化を擁護する先進国の知識人は、前近代を肯定的に捉えるという意味で、基本的にポストモダンの立場をとっていると考えてよいだろう。

しかしさまざまな反対があっても、アメリカに経済力があるうちは、新自由主義・グローバリゼーションの側の勢いは依然として強かった。ところが、二〇〇八年のサブプライムローン問題➡リーマン・ブラザーズ破綻→金融危機→**世界経済危機**、という一連の致命的な大変動を経て、いまや新自由主義と市場原理主義は一転して批判の的となっている。日本の新自由主義的政策を主導してきた人たちですら、「間違っていた」と認めるほどの激震があったのである。そしてこうした人々が、現在では「日本式経営の良さを見直そう」「日本の伝統や文化を重んじよう」など、いわば脱近代・反近代的なことを口々に言い始めている。

このように見てくると、世界の思想の潮流は、大きく捉えればモダンとポストモダンを行ったり来たりしているだけとすら言えそうだ。

同じように「モダンとポストモダン」でよりよく理解できる対立項として、次のようなものが挙げられるだろう。

- 開発（人間の理性＝科学技術によって自然をコントロールする）／脱開発（人間の理性だけで自然をコントロールすることはできない）
- 経済中心主義／生きがい・ゆとりの重視
- 大量生産・大量消費／エコ・地産地消・「もったいない」運動など

日常の問題にもモダン対ポストモダンが隠れている

もっと私たちの日常生活に近いところにも、モダンとポストモダンの対立が反映している例は多い。たとえば少し古い話題になるが、オウム真理教は近代主義を激しく拒否した集団だったと言えるだろ

思想界を見てみると…

ポストモダン(Postmodern):反近代･脱近代の思想(20世紀後半以降)

●人間は非理性的存在

●近代精神がもたらしたものへの反発･批判

環境破壊､近代兵器戦争､女性･子ども･障害者･高齢者･非西洋世界の人々の排除などへの反発
さまざまな文化の共存を主張

●行動指針;反グローバリゼーション／地域の文化･伝統を重視
脱開発／人間性､生きがい､ゆとりの追求

フリードリヒ･ニーチェ
マルティン･ハイデガー
ジグムント･フロイト

A. ベルクソン

A. コジェーヴ

G. バタイユ

構造主義
C. レヴィ=ストロース
J. ラカン
L. アルチュセール
記号論
E. ド･ソシュール
R. バルト

S. ジジェク

J. ランシエール
A. バディウ
E. バリバール

ミシェル･フーコー

フーコー的
「生政治」
G. アガンベン
J. バトラー

ジル･ドゥルーズ

ドゥルージアン;
近代社会･経済
システムの批判
F. ガタリ
A. ネグリ

ジャック･デリダ

デリディアン;
脱構築
P. ラクー=ラバルト
J.-L. ナンシー

M. バフチン
T. トドロフ
J. クリステヴァ

J. ボードリヤール

J.-F. リオタール

ポストコロニアル
E.W. サイード
P. ド･マン
G.C. スピヴァク
F. ファノン
姜尚中
本橋哲也

カルスタ
S. ホール
P. ギルロイ 他

ニューアカデミズム
柄谷行人 蓮實重彦 今村仁司 浅田彰
丸山圭三郎 岸田秀 中沢新一

＊ ある思想家と学派・グループの関係は、時に入りくんでいて平面図上には表現しきれないため、明記しなかった。

＊ 言うまでもなく、思想家の分類と図式化は便宜上のものにすぎない。思想家本人がモダニスト・ポストモダニストを自称しているわけではないし、後世の研究者たちが問題を整理するために単純化しすぎている場合もある。たとえば「近代合理主義の祖」とみなされているデカルトにしても、錬金術などルネサンス末期の怪しい知をも貪欲に吸収した時期があったし、最後には「霊魂」の問題に行きつく。あるいは、日本でポストモダンの代表格とみなされているフーコーやドゥルーズなどは、この呼称を毛嫌いしていたそうだ。しかし、問題の整理のために時に乱暴な単純化がされているからこそ、このような区分けが、知の世界をおおざっぱにつかむには有効なのである。

「モダンとポストモダンの対立」で

モダン(Modern):ヨーロッパの近代精神(ルネサンス以来)

●理性重視

●近代精神が達成したものに普遍的価値を置く

神に代わって人間が地球を支配/科学(技術)と民主主義を重視/ヨーロッパ中心主義

●行動指針;グローバリゼーション

開発主義/新自由主義

市場原理主義/経済的豊かさの追求

ルネサンスの人文主義者
エラスムス　ペトラルカ　ブルーノ　トマス・モア
モンテーニュ　マキアヴェリ　ラブレー　ダンテ　他
プラトン・アカデミー(ネオプラトニズム)
フィチーノ　ピコ・デラ・ミランドラ

ガリレオ・ガリレイ

ブレーズ・パスカル

ルネ・デカルト

バルーフ・デ・スピノザ

G.W. ライプニッツ

アイザック・ニュートン

ドイツ観念論
J.G.F. フィヒテ
F.W.J. シェリング
G.W.F. ヘーゲル

啓蒙思想
ロック　ホッブズ　ヒューム　カント　ベンサム
ミル　ルソー　ヴォルテール　モンテスキュー　他

A. スミス

S. キルケゴール

B. ラッセル

A. アインシュタイン

カール・マルクス

L. ウィトゲンシュタイン

マックス・ウェーバー

G. バシュラール

T. クーン

K. ポパー

ジャン=ポール・サルトル

現象学
E. フッサール
M. メルロ=ポンティ

フランクフルト学派
M. ホルクハイマー
T.L.W. アドルノ
W. ベンヤミン 他

F. ハイエク

M. フリードマン

P. ブルデュー

J. アタリ

加藤周一

山崎正和

養老孟司

う。彼らの道場には、ゴキブリやネズミがたくさんいたという。人間以外の生きものを尊重した結果、そうなったらしい。ところが、その彼らが平気で多くの人間を殺した。その背景には、近代精神のエッセンスをなす人間中心主義の否定がある。実際の行動の是非はさておき、彼らは「悪をなす人間」よりも動物のほうが好ましい存在だと考え、宗教を否定してきた近代精神に刃向かおうとしたわけだ。

また、攻防が続いている捕鯨問題も同じくモダン・ポストモダンで読み解くことができる。欧米人は日本人の捕鯨を非難し、鯨が増えてきた現在でもなお、日本が捕鯨を再開することに反対している。言うまでもなく、欧米の人々の「捕鯨反対」が近代主義にあたる。彼らは鯨を食べる日本人の行為を野蛮とみなし、捕鯨反対の理由に「鯨は知能の高い動物だ」という意見を持ち出してくる。だがすでに明らかなとおり、この背景にあるのはまさしくモダンの考え方だ。欧米人は理性を重視し、自分たちの文化が普遍的だと信じているため、鯨を食べるという自文化にない慣習を野蛮と決めつける。また、知的階層秩序に基づいて、賢い鯨はほかの動物よりも上位にあると考えるのである。

「日本の伝統を守るべきか否か」もそうだ。伝統を否定しようとする人々は、民主主義などの欧米由来の価値を近代の普遍的価値として広めようとする。一方で反近代の価値観を採る人々は、日本固有の文化や伝統があってもよいはずだと考える。

それから、テレビ番組でよく扱われる怪奇現象についても同じような図式があてはまる。そうした番組では、心霊写真やポルターガイスト、「見た人が必ず死ぬ呪いの〇〇」などといったたぐいの「体験談」が語られるが、良識派は、そんなことはありえない、愚劣なオカルト趣味だと考える。これは言うまでもなく、理性と科学的思考を重んじる近代主義者の立場だ。ところが、心霊現象を信じようとする人も大勢いる。こちらはもちろん、反近代的な価値観に基づいて、人間の営みは理性だけでは判断しきれないと考える人たちだ。

さらに、戦後日本社会では、「自我を持て」「個性的になれ」といったことが言われてきた。これも近代的な考え方だ。しかしこれに反発する声も大きかった。一人ひとりの個性など、しょせんたいした違いではない、自我などというものは幻想にすぎない。それがポストモダンの考え方である。

しばらく前から学問の世界では、近代の理性重視の思考を続けるべきか、それともそうではない新しい知を探求すべきなのか、ということが議論の対象となってきた。アカデミズムの世界にいる小論文の出題者も、この議論を念頭に置いて、受験生にも考えてもらいたいと思っているのだ。

そして、この問いは社会人にとっても重要な問いであることは間違いない。学問の潮流が探求しようとしている時代の大きな流れは、当然ながら政治・経済・社会システムと密接に関わっており、ビジネスの世界にも反映されるからだ。モダン・ポストモダンをめぐる議論を理解しておくことは、社会人の情報整理術にとっても非常に重要なポイントなのである。

〈知の基層〉から「つるつるしたもの」を論じると……

先に紹介した慶應大学の問題も、実は、背景にこの問題を抱えている。

出題者はモダン、ポストモダンという観点から、あの課題文を論じさせようとしている。あの課題文を簡単にまとめると、「現代では、かつてのような陰影ではなく、つるつるしたもの、陰影を拒み、自分自身を拒むようなものが好まれるようになっている。そのために、知らないふりをすることがある。背中にも同じ効用がある」となる。もっとわかりやすく言えば、「かつて日本人は対象と同化して染み入るようなものを好んでいたが、最近はつるつるしたもの、つまり対象を拒むものを好むようになってきた」と語っている。

モダン、ポストモダンという枠組みで考えたとき、日本文化はポストモダン的なものと捉えることができる。明治以降の日本、とりわけ戦後の日本は、近代化を進めるなかでずっと「個人主義的になるべきだ」「もっと自我を築くべきだ」「理性を重視するべきだ」「日本人は自我が弱く個性がない」と言いつづけてきた。これは日本文化が、近代化と相反する立場にあるからだ。すなわち近代を疑問視するポストモダンからすると、「日本的なものは悪くない」ということになる。「日本文化の従来のあり方のほうが好ましかった。むしろ、近代欧米の考えのほうが間違っていた」というのが、ポストモダンから見た日本文化なのだ。

設問が求めているのは、「つるつるしたもの」に対置される言葉を選び、その言葉と「つるつるしたもの」を使って論じることだ。課題文で述べられている「つるつるしたもの」とは、つまり「近代欧米的な考え方」のことだ。これと対置するとしたら、「日本的な前近代性」を示す言葉、具体的には「べたべたしたもの」「優柔不断なもの」といったところだろう。

たとえば「べたべたしたもの」をキーワードにするなら、「これまでの日本はべたべたした人間関係を好み、他人の心の中に入り込むことを望んだが、これからは、つるつるした、他者を拒むほどの関係のほうが好ましい。そうしてこそ、しっかりした自分の価値観を守れる」といった趣旨で書くことができる（モダン寄り）。逆の立場からは、「べたべたした人間関係が嫌われるようになったが、物事をはっきり分けず、あいまいなままにしておくのも日本人の知恵だ。べたべたと他人の心に入り込んでこそ、思いやりを持てる」などと論じることもできる（ポストモダン寄り）。前者の立場をとるなら、たとえば以下のような小論文が書けるだろう。

よい解答例

課題文は「現代では、かつてのような陰影ではなく、つるつるしたもの、陰影を拒み、自分自身を拒むようなものが好まれるようになっている。そのために現代人は、知らないふりをすることがある。背中にも同じ効用がある」と語っている。私は、「つるつるしたもの」に対置されるのは「べたべたしたもの」だと考える。では、「つるつるしたもの」と「べたべたしたもの」のどちらが、これからの日本に好ましいのか考えてみたい。

確かに、物事をはっきり分けず、あいまいなままにしておくのも日本人の知恵だ。べたべたと他人の心に入り込んでこそ、思いやりを持てる。あいまいなままにしておくので、ケンカにならず、協調や和を保てる。物事をはっきりさせようとすると、どうしても不和が生じる。それにあまりばっさり分けてしまうと、まるでロボットのようになってしまう。もう少し融通がほしいというのが、多くの日本人のこれまでの考え方だろう。その面では、日本人にはべたべたした関係のほうが合っている面が強い。しかしこれからの民主主義社会において、このままではよくない。

べたべたした人間関係の中では、自分自身のしっかりした価値観を持てない。周囲の人に引きずられ、力のある人や声高に自己主張する人の言いなりになってしまう。あらゆることを人間関係で考え、関係を壊すまいとして物事をあいまいにし、泣き寝入りする。これでは、個人の権利が尊重されているとは言えない。自分たちの責任で行動し、それによって好ましい社会を築こうという民主主義の考え方とも相いれない。自分たちの意見を持たず、互いに判断を依存し合う社会は、理性的な好ましい社会へと変えていく努力を放棄した社会である。

自分の意見と価値観を持つためには、他者との関わり方は「つるつるした」関係であるべきだ。それは、これまでのように不和を恐れてべたべたとつながるのでなく、自分の価値観に合わない他者の意見はきっぱりとしりぞけるような関係性である。そうしてこそ、もっと成熟した社会になるはずだ。

私は、これからの民主主義社会には、べたべたした人間関係重視の社会よりも、個人の価値観を重視するつるつるした関係に基づく社会のほうがふさわしいと考える。

これを二一ページで紹介した解答例と比べると、その違いがはっきりわかるだろう。「悪い解答例」は、環境問題や現代社会に申しわけ程度に触れただけの底の浅い内容だった。一方、いま紹介した解答例は、課題文の主張を「モダンとポストモダン」の枠組みで捉えることで、日本人が今後どのような価値観に基づく社会を築いていくべきかについて、より掘り下げた議論が展開できている。求められているのは、このレベルの文章なのだ。

5 社会人が〈知の基層〉を学ぶ意味

価値の多様性を受け入れて生きる

しかし、読者のなかにはまだ「大学生ならともかく、社会人が〈知の基層〉を学んで何の役に立つのか」と訝《いぶか》しく思っている人もいるだろう。日々の生活や仕事に追われている社会人にとって、日本文化あるいは現代社会の行方を追究したところで、何の意味があるかというわけだ。だが社会人こそ、〈知の基層〉を学ばなければ激動する世界を生きぬくことはできない。

入試小論文に出てくる課題文の多くは、近代精神を否定するポストモダンの考え方に基づくものが多い。ポストモダンの考え方は、現代の常識とは逆といっていい。現代では、科学は人間社会に貢献するものだし、自我を持つことはいいことだと考えられている。私自身、この本の中でついさきほど、「個性的なことを書け」「自己主張しろ」と言ってきた。

受験生の大半も同じで、彼らの頭は近代精神で固まっている。だからポストモダンの立場に立つ課題文に出くわすと、「個性など必要ない」「自我などない」という文意が理解できず、「自我は持たなければならない」と解釈して、とんちんかんなことを書いてしまう受験生も多い。

だから大学側は、近代とは別の考え方があることを知らせたくて、わざと常識に反する課題文を出している面も強い。つまり「世の中には多様な価値観があることを知れ」と言いたいわけだ。これはまさに、社会人に最も求められる能力である。

とは言っても、小論文でポストモダンの考え方そのものを学ぶのがわれわれの目的ではない。ポストモダンの考え方を通じて、世の中には多様な価値観があることを知り、柔軟な思考を身につけることが目的なのだ。

これは二一世紀の日本人にとって、非常に重要な発想だ。たとえば「世の中は効率が一番だ」という価値観しか持っていなければ、「育児休暇をとる社員など、とんでもない」ということになるだろう。だが、そんな価値観しか持てないようでは、多様化の時代を生きていくことはできない。

しかも終わりの見えない不況と経済危機で、人間の働き方が今後どのようになっていくのか、先行きはまったくわからなくなっている。「ビッグスリー」すら経営難に苦しむ時代、大企業の人員削減は正規・非正規を問わず拡大していく可能性が高いし、政府の雇用対策にどのていど実効性があるかは不透明だ。連日報道されているように、仕事も家もなく路頭に迷う人が増えている。終身雇用は九〇年代にとっくに崩壊していたが、今ではもう夢物語のようにすら感じられる。賛否両論あるものの、ワークシェアリング（時短などによる雇用の分け合い）という案も（企業側からだが）出されている。

そのような状況だから、ひとつの価値観にしがみついていては人生の選択肢が狭まってしまう。これからは、ガツガツ稼ぐ働き方ではなくて、収入が減ってもいいからのんびり生きていきたいと考える人が増えるかもしれない。才能や技能についても、いつどうなるかわからない企業のためではなく、社会や人のために役立てたいと考えるほうがあたりまえになるかもしれないのだ。

ごく単純に、自分自身がリストラにあったと想像してみよう。出世や金儲けが至上の価値だと思っていれば、リストラで人生の希望を失ってしまいかねない。このとき、「出世や金儲け以外にも、大切なものがある」という価値観を持っていれば、収入が半分に落ちたからといって自分を卑下することはないし、ほかに生きがいを見つけて、よりよい生き方を目指すこともできるのだ。

今日の商談よりも一〇年、二〇年先の自分のために

さらに長い目で見るなら、〈知の基層〉を知るというのは、音楽で言えばクラシックを学ぶようなものと考えられるだろう。私は小学校のときからクラシック音楽が好きで、音楽と言えばクラシックばかり聞いていた。友だちが加山雄三や内藤洋子などのアイドルに夢中になっているとき、私は周囲をしらけさせながら、ベートーヴェンやブラームスやワーグナーについて夢中で語っていた。

いまから考えると、かなり嫌味な子どもだったが、私はクラシック音楽を聴いていてよかったと思っている。私はいまもクラシック音楽を聴き続けているが、当時学んだ知識は、四〇年以上経ったいまも十分役立っている。

それどころか、いまの私のベートーヴェンやブラームスについての知識は、ほとんどが四〇年ほど前に読んだ伝記から得たものだ。そして当時、夢中で聴いた名演奏は、いまでも多くの人の心を捕らえ、雑誌などでもしばしば議論されている。四〇年前の知識が、そのまま使えるのだ。

しかも音楽についての知識や考え方のみならず、西洋文化への理解も、クラシック音楽に接することによって養われた。高校時代の私は不勉強この上ない生徒だったが、世界史では苦労しなかった。近代ヨーロッパの事件を学ぶときも、そのときベートーヴェンが何をしていたか、ワーグナーが何をしていたかを考えると、時代精神がわかった。苦労せずに時代の流れが理解できた。

その後、私は音楽を導き手にして文学、芸術、思想へと関心を広げたが、その場合も、クラシック音楽で得た知識をもとに考えることができた。先ほど説明した近代から反近代への流れにしても、中世からバロック派、古典派、ロマン派、そしてシェーンベルク以降の十二音階の曲想と音楽理論の変化を頭に入れると、理解しやすくなる。

それればかりか、初めて聴く音楽も、四〇年前から貯えてきた知識や鑑賞眼と照らし合わせて判断する。クラシック音楽ばかりではない。歌謡曲をはじめ現代音楽の大半は、西洋音楽が基本になっている。巷で流れるヒットソングを耳にしても、曲の構造などが自然に浮かぶようになる。

〈知の基層〉を知るのも、これと同じだと思うのだ。たとえばビジネスマンなら、ビジネスがらみの本をよく読むだろう。経済評論家やエコノミストたちが、「これからはグローバル・スタンダードの時代だ」とか「世界の市場・中国を攻略せよ」、あるいは「エコビジネスに活路を見出せ」と主張するような本だ。そこに書かれている内容は、現時点においては意味のある知識かもしれないが、一〇年後、二〇年後に通用するかと考えると疑問だ。「昔、そういう考えがあった」と歴史として語られることはあっても、二〇年後も同じ議論が通用するとは思えない。

もちろん仕事をするうえでは、そうした知識も必要だろう。変化の激しいＩＴ関連の知識などは、一年後には不要となるとわかっていても、いま勉強しなければならないということもある。だが、年々変わる情報や知識を追いかけるだけでなく、一〇年、二〇年変わらない知識も学んでほしいのだ。基層を学ばずに表面だけ追いかけている限り、この激動の時代を生き抜くことはできないだろう。

そういう知識は、どんな時代にあっても色あせず、ものごとを考えるうえでの〝核〟になるからだ。たとえば時代の流れを考えたとき、反グローバリゼーションに向かうのが世界の必然だと考えたとする。そうすれば、現在のグローバリゼーションの流れを「どこかおかしいのではないか」という目で見ることもできる。そこから「グローバル・スタンダード」の風潮に流されない、自分なりの視点で世の中を見ることができる。イラク戦争やアメリカ式のグローバリズムの背景にあるのはどのような考えか、アメリカの行動にどのような問題点があるのか、そしてブッシュからオバマへの政権交代がどのような意味を持つのかも、より深く理解できるだろう。

これはビジネス戦略を考えるうえでも、重要なことだ。「これからは反グローバリゼーションの時代になる」というスローガンを言うにしても、〈知の基層〉に基づいた考えであれば、そこから生まれる説得力は、まるで違ったものになる。

〈知の基層〉を知る目的は、たんに「ポストモダンが正しいか」「反グローバリゼーションが正しいか」といった結論を出すことではない。世の中にモダンとポストモダン、グローバリゼーションと反グローバリゼーションという考え方があり、それぞれがどのような根拠に基づいているかを知ることが重要だ。

世の中でどのような議論がなされているのかを知らなければ、自分なりの意見や考えを確立することもできない。さまざまな考え方を知ることで、はじめて自分なりの考えを確立していくことができる。そうして今後何十年と変わらない、自分の核となる思想を見つける。そうすれば、景気や思潮の変化に右往左往することなく、自分の人生を考えていける。そこに〈知の基層〉を学ぶ意味があるのだ。

第2章

東大・慶應小論文は〈知の基層〉の「名曲アルバム」だ

さて、小論文がいかに知的訓練に適したツールか、理解してもらえたと思う。

第2章ではいよいよ、本書のサブタイトルにも謳っている「東大・慶應」について述べよう。

長年にわたり入試小論文の世界に携わってきた私は、東大・慶應に合格する若者たちの知的レベルをつぶさに見てきた。小論文という科目、いわば人間の「総合力」を試す科目が、そうさせたのである。

そんな筆者の経験上、読解力と文章力を身につけたい人には、どんな文章指南本よりも、東大・慶應小論文という「名曲アルバム」をおすすめする。現代日本の知の最高水準がぎゅっと詰まったこの宝の山を攻略することで、どんな難解な思想書にもチャレンジできる力、どんな高度な議論でもこなせる力がしだいについてゆくはずだ。

1 なぜ東大・慶應小論文なのか

入試小論文の歴史

社会人が〈知の基層〉を学ぶことで自分の考えを持ち、論理力や表現力を磨くうえで、受験小論文が最適だと前章で述べた。なかでも東大・慶應の小論文問題が最高のテキストになるというのが、本書の主張だ。なぜ数ある大学のなかで、京大でも早稲田でも一橋でもなく、東大・慶應なのか。それを知ってもらうために、多少遠回りになるが、まず大学の入試小論文はどのように生まれ、進化していったのか、その歴史を紹介しよう。

文章を書くことを大学の入試科目に課すこと自体は、かなり以前からあった。それは小論文と呼ばれることもあれば、作文と呼ばれることもあり、三〇年ほど前、私が慶應大学文学部の二次試験を受けたときも、作文が科目の一つにあった。

小論文が本格的に入試科目に加えられるようになったのは、一九八〇年代前半のことだ。私立では早稲田・慶應の文学部と法学部、立教大学文学部、それに上智や国公立大学の二次試験などで出題された。

当時は中学・高校で校内暴力の嵐が吹き荒れていた時期で、暗記重視の詰め込み教育が批判を浴びていた。そこから「詰め込みの暗記は苦手でも、個性的な学生を採ろう」ということで、小論文が盛んになったと考えていい。すなわち当時、これらの大学が小論文を始めた理由は、個性重視で学生を選ぶためだったようだ。

もっとも当時の受験生にとって小論文での受験は、一種の博打《ばくち》のように考えられていた。なにしろスタートしたばかりで、採点基準もよくわからないし、どんなことを書けばいいかもわからない。そのため成績がいま一つの受験生が、一発逆転を狙って受けるといったケースがほとんどだった。

しかも当時は、自由度の高い出題が多かった。たとえば、「人間と自由」というような題を与えて八〇〇字ほどの小論文を書かせる問題や、エッセイを課題文として与えて、「この文章を読んで、あなたの意見を書きなさい」といった問題だ。そのため課題文を無視して、前もって準備していた「おもしろいネタ」にこじつけて書いたり、捨て鉢になってやみくもに奇抜なことを書いたりする答案が多かった。私を含めた受験産業の人間もまた、いざとなったらそのように書けと指導したことを告白しておこう。

その結果、小論文による選別は、「受験秀才を採らない」という点では成功したが、思惑が外れたのは、「個性的な受験生」がそれほどいなかったことだ。奇をてらった作文や、どこかから引き写したような答案はあっても、それは個性的と呼べるようなものではなかった。しょせん型にはまった学校教育を受け、文章の訓練もろくにしていない日本の高校生に、個性的なアイデアなど期待するほうが無理だったのだ。

このことは、立教大学文学部Bが二〇〇二年度入試を最後に小論文試験を廃止したことからもわかる。立教大学文学部B入試といえば、小論文を重視した入試として、多くの受験生を集めたものだ。英語の試験に基準点を設け、基準点を越えた受験生の合否を小論文で決めていた。そして、独創性や個性を何よりも重視したのだ。

ところが英語の基準点を越えても、「これは」と思える小論文を書く受験生が年々少なくなっていった。受験産業の画一的な指導のためもあって、どの受験生も同じようなことを書いてしまうのだ。結局、英語の点数が高い受験生が合格する結果になってしまい、何のために小論文を書かせているのかわからなくなった。こうして、この学部の小論文入試は廃止されることになったのだ。

この方法が失敗した背景には、そもそも個性というものが、点数化しにくいものであることがあるだろう。採点基準をつくりにくいし、つくっても採点官の先生たちが守るとは限らない。他の採点官から見ればとんでもない小論文でも、「オレがいいと思ったから合格にする」ということだって起こりうる。あるいはレベルの高い小論文を書く受験生がいても、採点官のレベルが低くて、そのよさがわからないということが出てくるかもしれない。

小論文が「思考力」を問う時代へ

そうした反省からやがて、小論文入試の位置づけを見直す大学が出てくるようになった。私は一九九五年ごろから、大学入試小論文が個性や独創性を見るためのものでなくなったと考えている。ではどうなったのかというと、難関校とそうでない学校で、小論文の目的が二つに分化したのだ。

難関ではない大学・短大では、小論文は適性を見るためのものとして用いられるようになった。医療系の学部なら、しっかりした論理的な思考力を持ちながらも、他人に対する思いやりや心の優しさを持っているかどうかを見るといった具合だ。すなわち、それぞれの学部に必要な特性を持っているか、知識や熱意を持っているかを見るための小論文だ。

一方いわゆる難関校では、個性を見るためではなく、**「総合力を見る科目」**として位置づけるようになった。優れた小論文を書くには、文章力、社会に関する知識、論理力が必要だし、課題文があれば読解力も求められる。それらすべてを試す総合科目として位置づけたのだ。

具体的に言えば、やや難しい課題文を出題し、いくつかの設問を出す。そして文章の要約や傍線部の説明などを求め、そのうえで課題文全体の主旨についての意見を尋ねるのだ。こうすれば読解力が見られるし、説明を求めることで知識や論理力も見られる。意見を聞くことによって、思考力、論理力、判断力、そして発想力も見ることができる。まさしく社会や人間を見る眼があるかどうか、思考する力があるかどうかを総合的に判断できるのだ。

しかも、これなら採点基準もつくりやすいし、採点官による差も起こりにくい。九〇年代後半からそうした傾向が強くなり、とくに難関校と呼ばれる大学では、ほとんどが小論文を廃止するか、総合科目として扱うかのどちらかに両極化した。

難関校のなかで唯一、早稲田大学だけは二〇〇〇年になっても「個性的な学生を採る」という位置づけで小論文出題を続けていた。早稲田大学の出題傾向は、芸術家や作家の書いた比較的読みやすい文章を読ませ、それについて論じさせるというものだ。求めているのは読解力や論理力、社会の知識よりも、課題文に触発されて何を感じるかで、そこから受験生の個性を見ようとしたのだ。

だがその早稲田大学も、二〇〇三年度から小論文の廃止を決めた。やはり小論文から受験生の個性を見ることはできないと判断したのだろう。それだけ小論文で個性を見ることには、無理があったのだ。

東大小論文のどこがすごいのか——「総合力」の試金石

結局、難関校で残ったのは、入試小論文を総合科目として位置づけた大学だけとなった。もっとも小論文で受験生のさまざまな能力を見ようというからには、当然、問題を出す側にも、それなりの力が求められる。適当に課題文を出し、適当に考えたことを書かせるというのでは、小論文に甲乙をつけることはできない。出題する側の意識がしっかりしていてはじめて、採点基準もつくることができる。

良質な問題は、われわれ指導者側から見たとき、大学が受験生に何を求めているかがはっきりわかる。「受験生のこうした能力を見たい」という意図が明確に感じられ、そのうえで書き手の考えや持っている知識によって、書き方にいくらでもバリエーションがつけられるような問題なのだ。「受験生のこうした能力を見たい」という意図が明確に感じられ、そのうえで書き手の考えや持っている知識によって、書き方にいくらでもバリエーションがつけられるような問題なのだ。

逆に悪い問題の場合、受験生のどんな能力を試そうと考えているのかが見えてこない。そのため、どんな答案を書けば高い点数がもらえるのかも、はっきりしない。われわれとしても非常に指導しにくく、こんな問題を見ると、採点基準も適当なのではないかと疑ってしまう。

小論文が入試科目となった当初はそんな悪問も少なくなかったが、しだいに良問を出す大学が増えてきた。そのなかでもとくに安定して良問を出し続けているのが、東大と慶應なのだ。つまり課題文と設問の関係がはっきりしていて、何を求めているかも明確な問題だ。

なかでも東大は、感心するほどよく練れた問題を出してきた。設問に答えるためには、受験生はかなりの論理力や知識を持っていなければならない。確かにこれなら受験生の総合力もはっきりわかるだろうと、感心する問題ばかりだ。使用する課題文も、非常に良質なものを使っている。

どのような課題文を使うかも、出題者のセンスが問われるところだ。課題文は論文の一部を抜粋して載せることが多いが、大学によっては、論文の主旨とは正反対のことを述べている部分を抜粋している場合もある。革新系の筆者なのに、まるで保守系の論者のようなことを述べた部分を抜粋していて、その筆者を知っている人ならとまどうような文章が抜き出されていることもある。また、抜粋の仕方が悪くて、課題文を読んだだけでは筆者の主張がわかりにくかったり、設問がよくないために、課題文は理解できても何を書けばよいかわからないような問題になっていることもある。

この点東大の出題は、課題文の抜粋の仕方が見事で、論文のエッセンスをうまくまとめてある。筆者の主張がよくわかり、課題文を読むだけでもずいぶん勉強になるものばかりだ。

課題文の筆者の傾向としては、東大教授をはじめ、学術界でも大御所とされる人が多い。この種の文章を読みなれない人には、文章が硬くて読みにくいと感じられるものも少なくないが、**アカデミズムの中で確立された考えを学ぶうえで格好のテキスト**といっていい。これらの課題文を読めば、法学系、経済系、文学系などの領域で、どのような考え方が学術会の常識として定着しているかがわかるのだ。

慶應小論文のどこがすごいのか――〈知の基層〉を問う良問ぞろい

一方、慶應の小論文は、東大と比べると出題レベルにややムラがある。ときどき設問が曖昧で、書くときに悩む問題が出る。

たとえば「課題文が主張している点について触れたのち、あなたの考えを述べなさい」といった設問なのに、設問が問一から問三まであり、問一、問二、問三のいずれも、問うている内容が重複しているといった場合がある。また、出題者の独りよがりの解釈で受験生を誘導していく設問もある。読んでいていかがなものかと思うこともあるが、そうした点を差し引いても、他の大学と比べれば良問であることは間違いない。ツボを心得た出題と言える。

テーマで慶應小論文と東大小論文を比べるなら、慶應小論文のほうが、より「いま」を扱った内容であることが多い。東大はアカデミズムの中であるていど確立されたテーマについて出題するが、最近論議を呼んでいるようなテーマや考え方は、あまりとりあげない。これに対し慶應は、**いま現在話**

題になっている「旬の」テーマの基層にあるもの、すなわち〈知の基層〉について論じさせることが多い。

そのため課題文も、学界の大御所が書いた文章よりも、オピニオン誌など硬派系の雑誌でよく見かける人の文章を使う傾向がある。かりに筆者やテーマを新書本で分類するなら、東大小論文の課題文が「岩波新書」、慶應小論文の課題文は「文春新書」や「光文社新書」、「講談社現代新書」といったところだろう。

また慶應大学では、学部や年度によって、設問のレベルに開きがあることも特徴の一つだ。悪く言えば、安定していない。たとえばＳＦＣ（湘南藤沢キャンパス）の総合政策学部は、一九九七〜九八年ごろは超難問で、生半可な受験生が太刀打ちできるものではなかった。課題文も極めて難解で、あれでは大半の受験生は理解できなかっただろう。それが二〇〇〇年ごろから、かなりわかりやすい課題文を出すようになり、きわめて良問となっている。

また商学部はこのところ、いっぷう変わった課題文や設問を出す傾向が強い。おそらく、受験生に数学的な思索力の不足していることを感じているためだろうが、小論文というより、論理力テスト、数学的能力テストとも呼べるものだ。

ここ数年を見ると、課題文が最も読みとりやすく、設問も優れているのは経済学部で、つぎが文学部といったところだ。慶應小論文の中では、最初はこのあたりからチャレンジすると、とっつきやすいだろう。

東大・慶應小論文は「オイシイとこ取り」の「名曲アルバム」

ふたたび音楽の話で恐縮だが、ＮＨＫに「名曲アルバム」という番組がある。作曲家のゆかりの地を案内しながら、世界の名曲のさわりの部分を聴かせてくれる番組だ。私は先に、〈知の基層〉を学ぶことをクラシック音楽鑑賞にたとえた。その伝で言うと、東大・慶應小論文は〈知の基層〉の「名曲アルバム」だと思うのだ。ＣＤで言えば、二〇〇五年に大ヒットした東芝ＥＭＩの「ベストクラシック」がそれにあたる。七枚組一〇〇曲、それも名曲中の名曲を選りすぐってあるこのコンピレーション・アルバムと同様、東大・慶應小論文も、大学＝アカデミズムの人々によって編集《コンパイル》され、結果的に「オイシイとこ取り」の知の宝庫になっているわけだ。

たとえば、『のだめカンタービレ』に触発されてクラシック音楽に関心を持ち、本格的に聴いてみたいと思っても、それまでにあまり聴いたことがなければ、（『のだめ』のコンピレーションＣＤ以外は）どこから手をつけていいかわからない人は多いだろう。指揮者や演奏家別のＣＤを買うにしても、アルバムは無数にある。たまたま手にしたＣＤが〝当たり〟ならいいが、そうとは限らない。

ＣＤのなかには、一曲が一時間以上に及ぶ交響曲もあれば、四時間を越すオペラもある。それでもおもしろければよいが、初めて聴く人には、少しもおもしろくなく、お経が続いているようにしか思えないものも少なくないだろう。せっかく一念発起したのに、「やっぱりクラシックは退屈だ」ということにもなってしまう。

そこで初心者に便利なのが、「名曲アルバム」なのだ。「名曲アルバム」なら、誰でも知っているような曲、多くの人が好むような曲を選りすぐって収録している。また一曲が一時間以上あるような曲でも、有名な部分だけを録音して、気軽に聞けるようにしてある。初心者にもとっつきやすく、しかもその部分を聞けば、その作曲家の本質的な部分がわかるように編集されていることが多い。

その中で、たとえばモーツァルトのオペラ『魔笛』に出てくる「夜の女王のアリア」が気に入ったとしよう。この曲は女性歌手の高音部が大きな魅力で、その声に聴きほれたなら、同じ女性歌手のアリア集を聴いてみるのだ。あるいは同じ「夜の女王のアリア」で、ほかの歌手が歌うCDを聴くのもいい。モーツァルト特有の流れるようなメロディがよかったなら、モーツァルトの別の曲を聴いてもいい。一つとっかかりを見つけて、そこを入り口にしていけば、クラシック音楽の敷居はずいぶん低くなるはずだ。

〈知の基層〉を学ぶときも、まったく同じことが言える。大学時代はほとんど勉強しなかったのに、社会人になってからアカデミズムの世界に興味を持ちはじめたという人は少なくない。社会人になって二、三年経ったところで、大学時代に勉強しなかったことを後悔する人もいるし、四五歳ぐらいまで仕事ひと筋に打ち込んできて、ふと仕事とはまったく関係ない学問の世界に惹かれる人もいる。

だが、突然勉強したいと思っても、何から手をつければいいのかわからないものだ。以前から読みたいと思っていた哲学書を買ったはいいが、理解できずに最初の二、三ページで放り出してしまう人も多い。そんな人のとっかかりとして便利なのが、東大・慶應小論文の課題文なのだ。

すでに述べたように東大・慶應は、極めてレベルの高い論文を課題文として使っている。なかには初心者にはやや難解なものもあるが、分量はそれほどでもない。長い文章のエッセンスを非常にうまく取り出しており、少し時間をかければ読み終えることができる。

しかも入試小論文のよいところは、設問があるところだ。かりにがんばって難解な思想書を読破したとしよう。しかし、それだけで本当に「学んだ」ことになるだろうか。読んで、さらに自分で考えなければ知識は身につかない。その点、小論文では必ず問いが出されており、考えるための道案内になっている。良問ぞろいの東大・慶應小論文では、的外れな設問が出ることはまずない。しかも設問を見れば、課題文の主張をより理解しやすくなる。すなわち課題文を読み解くうえでのヒントまで付いているわけで、ふつうの論文にはない〝特典〟とも言える。

そのうえ、現代文（かつて「現代国語」と呼ばれていた科目）の問題と違って、課題文のあちこちに穴埋め問題があったり、漢字の書き取りがあったりすることもない。現代文だと、課題文を読みながら問題を解く必要があるが、小論文の場合はそのような必要はない。思考を中断されずに、文章の主旨にじっくり向き合うことができる。

そうして、いろいろな課題文を読むなかで、理解しやすいものや筆者の主張に賛同できるものに出会ったら、そこから興味の対象を広げていけばよいのだ。課題文には必ず、筆者と出典が明記されている。課題文が論文の抜粋なら、元の論文全体を読んでもいいし、筆者の他の著作を読むのもいい。東大・慶應が使う課題文の筆者なら、他にもたくさんの本を出しているはずだ。インターネットで検索すれば、筆者に関する情報もいろいろ集められるだろう。

しかも、この「名曲アルバム」の利点は、毎年情報が更新されるところだ。受験があるたびに各学部から新しい課題文が出るわけで、複数の課題文を出す学部もあるから、文系学部だけでも全部で毎年一〇以上は出てくるだろう。

そして昔の問題は、「赤本」などの過去問集として、書店で手に入れることができる。だいたい三~五年分が掲載されているから、〈知の基層〉のとっかかりとして不自由しない量だ。すでに述べたように、〈知の基層〉というのは、時代を経ても色あせないものだ。五年ぐらい昔に使われた課題文でも、十分いまに通用する。

また過去問集には、問題だけでなく模範解答や解説も付いている。これらを参考にすれば、よりとっつきやすくなるはずだ。

2 東大・慶應小論文 学部別特徴

本章の最後に、東大や慶應を受験したいと考えている人のために、過去二〜三年の傾向をもとにした、学部別の最新傾向分析を載せておこう。もちろん受験するつもりのない人でも、知っておいて損はない。どの問題からチャレンジするかを考えるうえでの参考にしてほしい。ただし本書は文系の読者を想定しているため、理系学部は省略することをお断りしておく。

東大——方式変更、しかし〈知の基層〉を問う傾向は継続

まず東大だが、**二〇〇八年度から後期試験の方式が大幅に変更になった。**かつては小論文が課せられていたのは文系だけで、文系の全学部志望者の共通問題として、英語の課題文から成る「共通論文I」と、志望学科ごとの「論文II」という二つの問題が出題されていた。論文IIでは、法学部にあたる文Iが法や国家についての問題、経済学部にあたる文IIが経済に関わる問題、文学部にあたる文IIIが言語や文化に関する問題を出題していた。

ところが二〇〇八年度からは、**後期試験は理系・文系ともに、総合科目I、II、IIIの三つの課題が課せられるようになった。総合科目Iは英語、IIは数学の問題で、IIIが小論文問題**だ。

二〇〇八年度のIII＝小論文問題は、次のように二つの課題が出された（八四ページへ）。

最新・2008年度以降の動向　東大後期試験　傾向と対策

学部	科目	求められる資質・問われるテーマ	2008年度の内容
理系・文系共通	総合科目Ⅰ＝英語		
	総合科目Ⅱ＝数学		
	総合科目Ⅲ＝小論文	**「将来を担う人間を育てる」という目的に沿って、オーソドックスな知力と論理力が問われる** 1）問題の傾向自体は以前と同じ。「知の基層」を問う設問に対し、奇をてらわずオーソドックスに答えるべし。 2）抽象的・難解な文章を的確に読み込む読解力が試される。またそれに対して“自分の意見”をきちんと述べられるような論の展開力も必要。 3）理・文共通＝すなわち「現代人が考えておかなければならない重要な問題」が出される可能性が高い。逆に、それほど高度な専門知識を問う問題は出ないかもしれない。	**●第1問の課題文**（科学技術と人間の関わり）：ある病院の医師団が、宗教的理由で輸血を拒否した患者に対し、同意を得ないまま輸血を行った事件に関する判決文。 **●第2問の課題文**（人間にとって「自己」「自我」とは何か）：思春期の自我のあり方についての文章。 （設問はいずれも課題文の内容説明と自分の意見の明示）

【第一問】　課題文は「宗教的理由で輸血を拒否した患者に対して、医師団が患者の同意を得ないまま輸血した事件の判決文」。設問は次の二つ。
［問一］判決文の内容を明確にせよ。［問二］この課題文の中心的な一文について論じよ。
【第二問】　課題文は「思春期の自我のあり方について書かれた文章」。設問は次の二つ。
［問一］下線部を説明せよ。［問二］課題文中のある文について意見を述べよ。

二〇〇九年初頭の現時点では、まだ一度しか試験が行われていないので、このあとどうなるのか、断定的なことを述べることはできない。傾向がはっきりするまで、少なくとも二、三年は必要だ。しかし、本試験前に発表された試行テストの問題と右の〇八年度の問題を見る限り、いくつかのことが言える。

一つは、**問題そのものは、二〇〇七年度までと同傾向だということだ。〈知の基層〉を問う出題に対して、奇をてらうことなく、オーソドックスに答えることが求められている。**

二つ目として、出題者が見ようとしているのは、抽象的で難解な文章をどのくらい具体的に理解できるか、また課題文の主張をふまえたうえでしっかりとした自分の意見を持つことができるかどうか、という点だ。第一問も第二問も、課題文にはやや抽象的でわかりにくいところがある。とりわけ第一問は判決文なので、読み慣れない人にはわかりにくいだろう。東大は、このような多少やっかいな文章を的確に読みとる**読解力**が、これからの時代を担う日本人には必要だと考えているのだろう。

三つ目に、理系・文系共通で出題されていることからも明らかなとおり、**文系・理系の両分野にかかわるテーマが問われる**ということだ。右に挙げたように、二〇〇八年度は「科学技術と人間のかかわり」、「人間にとっての自己のあり方」が問われたが、今後も同じように、**すべての現代人が考えておかなければならない問題**が問われるだろう。言い換えれば、それほど高度な専門的知識を要する問題は出ないということでもある。

東大の後期試験を受験する人は、以上のことをふまえた上で対策を立てていただきたい。

慶應――日本社会の現状と将来を考える手がかり

慶應大学の場合、学部によって傾向はかなり異なる。

文学部では、少し前まで哲学的なテーマの問題を多く出していたが、ここ数年は「**社会と人間の関係**」を考えさせる問題が出題されている。二〇〇六年度は、「薬物と社会の関係」についての抽象的な文章の読解が求められた。二〇〇七年度は「戦争と文学の関係」について書かれた課題文を読んで、「文学は戦争の対義語たりうるか」について述べることが求められた。二〇〇八年度は、リトアニア生まれのアメリカの画家ベン・シャーン（一八九八〜一九六九）のリトグラフについて論じた文章を読んで「表現活動」について論じるという課題だった。いずれも「**個人と社会のつながり**」について考えさせようとする問題だと言えるだろう。

経済学部では、意外にも経済に関する問題が出ることはあまりない。これは慶應経済学部の教授たちが、「経済学とは人間活動すべてと関係するもの」というプライドを持っていることと関係ありそうだ。

それだけに出題されるテーマは幅広く、最近の具体的な課題は次のようなものである。二〇〇六年度は「遺伝子情報を公開することの是非」、二〇〇七年度は「子どもの心理の時代的変化」、二〇〇八年度は「旭山動物園が行った工夫」。広く一般教養を身につけたい人には、非常に適した問題だ。

法学部は、二〇〇六年度に関しては、その年に面接が廃止になったためもあって、面接に代わるような出題だったが、それを除くと、人権や政治など現代社会が抱える問題をテーマにした問題が多い。二〇〇七年度は「東京裁判（極東国際軍事裁判。第二次大戦後、日本の指導者が戦犯として裁かれた）において、追求されるべきは歴史的真実か、それとも政治的正義か」という政治的に高度なテーマだった。二〇〇八年度は「明治以降の日本における知識人と一般の人々との関わり」について書かれた文章を読んで、現代社会に生きる立場から考察させる問題だった。

ＳＦＣ（湘南藤沢キャンパス）には**総合政策学部**と**環境情報学部**の二つがある。**この二つの学部はしばしば膨大な資料を示すが、すべて丹念に読む必要のないことが多い。**

総合政策学部の二〇〇三年と二〇〇五年の資料は、ほとんど読み飛ばすだけでよかった。二〇〇四年、二〇〇六年、二〇〇七年の問題も、膨大な資料のうちの一部だけを取り上げればよかった。ただし二〇〇八年度は資料の量が若干減り、すべての資料に目を通す必要があった。

二〇〇六年度は「世論」に関する問題だった。問1は、「世論の事例」を挙げて「世論」を定義し、

混迷の時代に「日本の行く末」を考えるヒント　**慶應小論文　傾向と対策**

学　部	求められる資質・問われるテーマ	最近の具体的な課題文・設問	
文	社会と人間の関係を考える	● '06　薬物と社会の関係について ● '07　戦争と文学の関係について ● '08　ベン・シャーンのリトグラフ——表現活動について	
経済	「人間活動すべてに関わる営みとしての経済学」 ➡幅広い一般教養を要求	● '06　遺伝子情報の公開の是非 ● '07　子どもの心理の時代的変化 ● '08　旭山動物園の創意工夫	
法 ※ '06～面接廃止	現代社会のさまざまな問題	● '06　人権、政治など現代社会の問題 ● '07　東京裁判における「歴史的真実」と「政治的正義」 ● '08　明治以降の知識人と一般の人々との関わり	
総合政策	論理力・知の基層をとらえる力	● '06　世論について：「世論」の定義、インターネットと新聞のどちらがメディアの主体となるか予想、など ● '07　福澤諭吉の文章：「議論の本位」を説明、それに基づいて少子化を論じる ● '08　教育のあり方：文意を整理し、「教育における自発性」について論じる	★混迷の時代にあえて「国家」や「社会」を論じさせる➡日本の行く末を考える手がかりとなる。 **POINT**　資料文はほとんど読み飛ばして OK。設問に関わる箇所を正確に読解できるようにしよう。（ただし '08 は資料が若干減り、すべてに目を通す必要があった。）
環境情報	企画力・アイデア力 （論理力と知識の応用）	● '06　膨大な資料文を読み、21 世紀にふさわしいモノやサービスを考案（IT ビジネスがキモ） ● '07・'08（両年とも似た問題）　膨大な資料文を読み、SFC で展開すべき新しい研究プロジェクトを提案	★学界や先端ビジネス界の話題をきちんと理解できるか、社会に目を向けて思考できるかが試される。 ★自分の発明、企画、関心、研究計画を明示しアピールする力が求められる。 **POINT**　資料文はほとんど読み飛ばして OK。自分の企画を論述する力を伸ばそう。

「世論の形成過程」を論じる、という課題だった。問2は、資料文に基づき、「ネット」と「新聞」のどちらがこれからのメディアの主体になるかを予想することが求められた。

二〇〇七年度は、福澤諭吉の文章を読んで、福澤の言う「議論の本位」について説明したうえで、それに基づいて少子化など現代の問題を論じさせるものだった。二〇〇八年度は「教育のあり方」がテーマだった。教育をする者とされる者の関係について書かれた哲学者の文章を読んで、文意を整理し、「教育における自発性」について論じる問題だった。

総合政策学部の問題はいずれも、大所高所から国家や社会を論じさせるというもので、国家というものが成り立ちにくくなったポストモダン社会、グローバル化社会において、**日本の行く末を考える手がかりになる**だろう。

環境情報学部はここ二年ほど、論理力や知識よりも**企画力やアイデア力を問う問題が多い**。また、総合政策学部にもまして、膨大な資料のほとんどは読み飛ばすだけでよい傾向が強い。資料によって、近年学問の世界や先端ビジネスの世界で注目されている概念を示し、それをしっかりと理解できるかどうか、社会に目を向けて思考できるかどうかを確かめる出題が増えている。また、自分の発明や企画を説明したり、自分の関心と研究計画を書くことが求められることもある。

二〇〇六年度は、膨大な資料文が提示され、「二一世紀にふさわしいモノやサービスを発明する」ことが求められた。ITビジネスを考えるとうまくいく問題だった。二〇〇七年度と二〇〇八年度は、ともによく似た問題で、SFCで展開する新しい研究プロジェクトを提案することが求められた。

「論理力を身につける」「〈知の基層〉に触れる」という意味では、総合政策学部の問題のほうが参考になる。環境情報学部は、それを応用したアイデアを求めていると考えていいだろう。

★　★　★

以上、東大・慶應小論文の学部ごとの特徴を簡単に紹介した。次の3章では、いよいよ小論文の具体的な書き方を解説していく。これを参考に、東大・慶應小論文の過去問に実際にあたってみてほしい。

つづく4章では実践編として、東大・慶應の過去の小論文入試問題のなかから、とくに選りすぐった問題を集め、解説や解答例なども掲載する（東大については、すでに述べたように傾向がまだ明確に固まっていないため、問題は典型的なものを一問だけ挙げた）。実際に過去問にあたるとき、なかには歯が立たないものや、興味の持てないものも出てくるだろうが、少なくとも4章に挙げた問題については、時間がかかってもいいからすべて解答を書いてみてほしい。

課題文を読んだり、模範解答を読んだりするだけでは、本当の文章力を身につけることはできない。〈知の基層〉を自分の中で血肉化し、説得力のある文章を書けるようになるには、**自分で書く**という作業は不可欠だ。最初のうちは、課題文を読むのにも、納得できる小論文を書くのにも時間がかかるだろう。しかしそこで投げ出さず、半年ぐらいかけるつもりで、じっくり取り組んでほしいのだ。

本書に挙げた問題を解くだけでも、〈知の基層〉のいろいろな面を知ることができる。そして課題文のなかで、「これはうまい表現だ」「この考え方は使える」と思うものに出会ったら、自分の文章にもどんどん織り込むといい。最初はいかにも〝盗みました〟といった文章になってしまうかもしれないが、何度も使っていくうちに、こなれた自分の表現になっていくものだ。

また、課題文だけでなく、次ページ以降のブックリストに挙げた本もぜひ読んでほしい。いずれも〈知の基層〉を学ぶうえで、多いに参考になる。興味を持てる分野から読みはじめるといいだろう。

〈知の基層〉を学ぶ！ブックガイド

〈知の基層〉を知る必読の11冊

1 **『読むだけ小論文』**〈1基礎編，2発展編，3医師薬看護系編〉樋口裕一（学研・大学受験ポケットシリーズ，'01）

私の書いた学習参考書であり，ここに挙げるほかの名著に比べて見劣りするのは自覚している。しかし，中学生にもわかる超入門書として最適と考えるので，失礼を省みず初めに紹介させていただく。学習参考書だからといって馬鹿にしないでほしい。受験参考書こそ，もっとも工夫のなされている出版物だといっていいだろう。拙著に限らず，英語の参考書や政治経済，歴史の参考書など，わかりやすく説明されているものが多い。

この参考書は，書き方を説明しているものではなく，3分冊で，グローバル化の状況，情報化の意味，消費社会の問題点など，現代社会の多様なテーマを説明している。

2 **『頭がいい人の早わかり現代の論点』**樋口裕一（草思社，'05）

もう一つ拙著を紹介させてほしい。どのようにすれば知的に見えるか，どのような知識があれば現代社会についていっぱしの口をきけるか，という視点で書いた本だが，そのまま現代社会で問題になっている事柄についての「ネタ本」になる。「グローバル化は進んだほうがよいのか？」「テロは戦争か？」「裁判員制度は実施すべきか？」「純文学に未来はあるか？」など27の論点を取り上げ，わかりやすく解説している。問題点を整理するには便利な本だと自負している。

なお，タイトルに「頭がいい人の」とあるのは，250万部を超えた拙著**『頭がいい人，悪い人の話し方』**（PHP新書）にあやかろうとして出版社がつけたもので，他意はない。

3 **『27人のすごい議論』**『日本の論点』編集部（文春新書，'08）

憲法や経済からスポーツまで，現代日本の抱える問題を手際よく，わかりやすく説明している。年度版の『日本の論点』から27人の議論をダイジェストしてまとめたもの。これを読むだけで，現在問題になっている事柄の多くについて理解し，自分の意見を持つことができるだろう。とくに慶應経済学部の課題に取り組むうえで役に立つ。ただし，もっと深い知識を得るには，年度版の**『日本の論点』**（文藝春秋，毎年刊行）を読んでほしい。

4 『人間は進歩してきたのか』『20世紀とは何だったのか』佐伯啓思（さえき・けいし　PHP新書，'03・'04）

西洋の「近代」とは何か，近代の「民主主義」とは何かなどについて，哲学，経済，政治など多方面にわたって掘り下げている。いずれも講演をまとめたもので続編になっている。思想の文章を読みなれない人には難解に思えるところもあるかもしれないが，内容の深さのわりにはわかりやすい。じっくり読むだけの価値がある。

5 『タテ社会の人間関係——単一社会の理論』中根千枝（なかね・ちえ　講談社現代新書，'77）著者；'26生。東京大学名誉教授。社会人類学。インド，チベット，日本の社会組織を研究。

日本の社会関係について書いた古典的名著。これが書かれて数十年が経つが，これを越える日本文化論は出ていないのではないかと思う。日本社会や日本人の分析としては出色と言っていいだろう。

6 『日本語文法の謎を解く——「ある」日本語と「する」英語』金谷武洋（かなや・たけひろ　ちくま新書，'03）著者；モントリオール大学東アジア研究所日本語科科長。

カナダで日本語を教えている著者による日本語文法の新しい解釈。「ある」を重視する日本語と，「する」を重視する英語の違いを，敬語や受身，使役の用法にまで広げて検証するところなど目を開かれる感がある。私は画期的な日本語文法書だと思う。ところどころ納得のいかないところがあるが，そのような日本語文法の謎を自分なりに考えてみるのも楽しい。日本語を振り返って考えてみるために最適だ。とくに慶應文学部の課題を考えるとき，きっとこの本は役に立つ。

7 『政治の教室』橋爪大三郎（はしづめ・だいざぶろう　PHP新書，'01）著者；'48生。東京工業大学大学院教授。理論社会学，宗教社会学，現代アジア研究，現代社会論。

政治の原理と現実，そして改革案を，わかりやすく，かつ刺激的に語っている。ギリシア時代以来の政治理論や民主主義の思想とはどのようなものであったのか，それを明治以降，日本がどのように受け入れてきたのか，今，どのような問題があるのかが，手にとるようにわかる。ただ，少し政治的な偏りがあるので，それを考慮して，これを100パーセント信じるのでなく，自分なりの

➘
考えを明確にするヒントにしてほしい。東大志望者は必読。

8 **『なぜ教育論争は不毛なのか――学力論争を超えて』**苅谷剛彦（かりや・たけひこ　中公新書ラクレ，'03）著者；'55生。東京大学教授。教育社会学・大学教育論。

日本の教育と社会のあり方を研究してきた著者が，「学力低下」論争を乗り超えようとの試みを示している。同じ著者の**『大衆教育社会のゆくえ』**（中公新書，'95）とともに，これからの教育のあり方を考える有効な手がかりになる。なお，この中公新書ラクレのシリーズは，現在争点となっている問題を取り上げているものが多く，現代日本の問題点を深く知るのに最適だ。慶應経済学部，法学部に役に立つ。

9 **『文明の衝突と21世紀の日本』**サミュエル・ハンチントン／鈴木主税訳（集英社新書，'00）著者；'27－08。元ハーバード大学教授。比較政治学。戦略論が専門。

1996年に発表され予言の書として反響を呼んだ「文明の衝突」論を，わかりやすく解説したもの。ハンチントンは，これからは世界がキリスト教文明とイスラム文明と儒教文明という枠組みで動いていくと述べた。だが，世界をそのような対立として捉えることに本当に意味があるだろうか。ハンチントンの予言は正しいのだろうか。これから，日本はどの方向に進むべきなのか。そのような問題を考えるのに格好の素材と言えるだろう。慶應SFCや東大の問題を解くのに役に立つだろう。

10 **『寝ながら学べる構造主義』**内田樹（うちだ・たつる　文春新書，'02）著者；'50生。神戸女学院大学教授。フランス近現代思想，身体技法論，映画論など。

構造主義入門という雰囲気の本はたくさんある。だが，それらを読んでも，面倒くさい理屈にウンザリして途中でめげる人が多かったのではあるまいか。ところがその点，この本は，気軽に読めて，しかも中身が濃い。本当に「寝ながら」読めるかどうかは怪しいが，これを読むと現代思想の常識とでも言えるものが理解できる。目からウロコの思いをする人も多いだろう。慶應文学部の問題に役に立つ。

11 **『格差社会――何が問題なのか』**橘木俊詔（たちばなき・としあき　岩波新書，'06）

いま「格差」の拡大が日本社会の大問題になっている。この問題について近年さまざまな本が出たが，いわゆる「進歩派」の立場からの提言がなされているのがこの本だ。少し楽観的すぎる感があるが，一つの見識として読むべきだろう。このほかに，さまざまな立場からの意見をまとめた**『論争　格差社会』**（文春新書，'06）も，あわせて読んでほしい1冊だ。

その他〈知の基層〉を知る良書

●**『法とは何か』**渡辺洋三（わたなべ・ようぞう　岩波新書，'98）著者；'21−06。東京大学名誉教授。法学（法社会学，民法学，憲法学）。

法の精神，現代社会の法体系を解説。最良の法学入門。

●**『新・民族の世界地図』**21世紀研究会（文春新書，'06）

現代の民族紛争や対立の原因・状況をわかりやすくまとめたもの。現在国際社会が抱えている大きな問題が見えてくる。

●**『国家の論理と企業の論理――時代認識と未来構想を求めて』**寺島実郎（てらしま・じつろう　中公新書，'98）著者；'47生。三井物産戦略研究所所長。早稲田大学大学院アジア太平洋研究科教授。

グローバリズムの中での日本の進路を考える。

●**『テレビの明日』**岡村黎明（おかむら・れいめい　岩波新書，'93）著者；'33生。大東文化大学法学部教授。マスメディア学。

やらせ，マンネリ化などテレビの問題を通して考えるメディアのあり方。

●**『市場主義の終焉』**佐和隆光（さわ・たかみつ　岩波新書，'00）著者；'42生。京都大学名誉教授。計量経済学，エネルギー・環境経済学。

市場の暴走を統御しつつ，公正な社会システムをいかにして築くか。

●**『豊かさの精神病理』**大平健（おおひら・けん　岩波新書，'90）著者；'49生。精神科医。聖路加国際病院精神科勤務。

モノでれた日本社会特有の病理を読み解く。

●**『新しい科学論――事実は理論をたおせるか』**村上陽一郎（むらかみ・よういちろう　講談社ブルーバックス，'79）著者；'36生。東京理科大学教授。科学史・科学哲学。

人間にとって科学とは何かを考えるうえで最も基礎になる1冊。

●**『ことばと文化』**鈴木孝夫（すずき・たかお　岩波新書，'73）著者；'26生。

➘
慶應大学名誉教授。言語学。

言語を分析道具とする比較文化研究の最高傑作。

● **『宗教クライシス』**上田紀行（うえだ・のりゆき　岩波書店, '95）著者；'58生。東京工業大学大学院准教授。文化人類学。

現代社会で宗教そのものが直面する危機と宗教が作り出す危機を解説。

第3章

東大・慶應の文章力を身につけよう
——究極の小論文作法

現代日本において、東大・慶應の二大学が、若者の総合的知性を見るために効果的に小論文を使っていること、そしてそれが結果的に東大・慶應小論文という「知の宝庫」を実らせているということを述べてきた。第3章では、その知的蓄積物を自分のものにし、かつ実際に表現に結びつけるために、必要最低限のノウハウで書けるようになる〈究極の小論文作法〉を伝授したい。

本書では東大・慶應を素材としているが、ホンモノの思考力・文章力というものは、実際には学歴などに関係なく、自分の力で磨くしかない。そして、さまざまな経験をした社会人だからこそ、自らの経験を素地にして東大・慶應的思考力・表現力を自分のものにできると言える。

本章で紹介するポイントさえ押さえれば、どんな場面でも説得力ある文書を書けるようになることはうけあいだ。

究極の小論文作法　構成から実際に書くまでの流れ

Step1

小論文とは自分の意見をイエス・ノーで答えるもの

- 与えられた命題に対し、「イエス」か「ノー」をはっきり述べる
- 「イエス」または「ノー」の理由を論理的に説明する
- イエス・ノーで答えるために命題を立てよう
- 結論のイエス・ノーは「他人と違う意見かどうか」で選べ

↓

Step2

物語の「起承転結」にあたる「四部構成」をマスターせよ

問題提起 ― 意見提示 ― 展開 ― 結論

- 便利な各部ごとの“書き出しパターン”を覚えよう

↓

Step3

「キラリと光る意見」を見つけるアイデアメモのつくり方

- 小論文の出来、不出来を決めるのはアイデアメモだ
- 「3WHAT・3W・1H」でアイデアメモを充実させよう
- 「これだ」と思えるアイデアが出たら、そこから考えを発展させる
- アイデアが浮かばないときは、極端な例を想定してみる

↓

Step4

アイデアメモから構成メモへと発展させる

❶ イエス・ノーの決定とアイデアのピックアップ
❷ 構成メモづくり
❸ アイデアメモを充実させるための頭の鍛え方

Step0

課題文読解――この読み方で〈知の基層〉を構築せよ

- 課題文は「四部構成」に当てはめて流れをつかむ
- メインテーマを50～100字程度でまとめてみる
- 慣れないうちは、制限時間いっぱいかけて読む
- 「何の悪口を言っているのか」という視点で読むのも一法
- 権威にノーと言うことを楽しもう
- 要約問題で注意すべき三つの原則
- 課題文が二つ以上あるときの対処法
- 表やグラフは、「極端な部分」に注目する

※課題文のある問題であれば、まず最初に「読解」が必要なのは言うまでもない。ただ、ここでは「小論文とは何か」「どんな構造か」を知ってもらうために、まずStep 1～4で小論文という文章スタイルの構成を知り、書き方を指南する。それによってStep 0の読解もより頭に入りやすくなるはずだ。

Step1

小論文とは自分の意見をイエス・ノーで答えるもの

「小論文」という言葉からどんなものを想像するだろう。「難しい言葉で書く文章」「日ごろの研究成果を他人に知らしめるための文章」など、やたらと堅苦しい文章を思い浮かべる人は多いのではないか。

もちろん、そういう内容の小論文も存在する。しかし、小論文とはもっと単純なもので、じつは「与えられた命題に対し、イエスかノーか自分の考えを明確に述べる文章」のことなのだ。そして、なぜ自分はその問いについてイエスまたはノーの意見を持っているのか、その理由を誰もが納得できるよう論理的に説明する。これができていれば、その文章は優れた小論文といっていい。

与えられた命題に対し、「イエス」か「ノー」をはっきり述べる「イエス」または「ノー」の理由を論理的に説明する

たとえば「あなたは臓器移植について賛成ですか」と問われたとしよう。「臓器移植とはどういうものか」とか「日本では臓器移植に反対する人が多い」などと現状を書いただけでは小論文にはならない。それではただ臓器移植について説明しただけだ。小論文では、自分は臓器移植について賛成す

るのか反対するのか、立場をはっきりさせる必要があるのだ。

この「イエスかノーで答える」という発想は、小論文に限らず、仕事のうえでも重要なはずだ。たとえば職場の会議で、ある都市への新規出店について意見を求められたとする。このとき自社における新規出店の歴史や、他社の出店状況を話しただけでは、自分の意見を言ったことにはならない。新規出店について、自分は賛成なのか反対なのか、旗幟《きし》鮮明にする必要がある。

このように、**小論文を書くことは、自分の立場をはっきりさせるためのトレーニング**ともいえるのだ。社会人にこそ小論文を学んでほしいと私が言う理由も、まさにそこにある。ただ頭の中で考えているだけでは、社会の中で効果的に意見を主張してゆくことは難しい。小論文を書くことが、自分の意見を論理的にまとめ、はっきり述べるための方法なのだということがわかってもらえると思う。

イエス・ノーで答えるために命題を立てよう

ここまで、どんな命題でもイエスかノーで答えるのが小論文で、それは仕事のうえでも通じると述べた。ここで疑問に思う人もいるだろう。「臓器移植について賛成ですか」という問いなら、イエスかノーで答えることはできる。だが小論文の課題も会議の議題も、必ずしもイエス・ノーで答えられるものとは限らない。むしろ現実には、イエス・ノーで答えられない問題のほうが大半だろう。

たとえば小論文の設問なら、課題文を読ませて「思ったことを自由に論じなさい」といったものもあるし、「科学技術が社会に及ぼす危険性について述べなさい」といったものもある。これに対し、単純にイエス・ノーで答えることはできない。会議にしても、「なぜ今回の新製品は売れないのか」といった議題になることもある。

だが設問がイエス・ノーで答えられないからといって、それに合わせて好きなように論じるのは危険だ。自分の立場をはっきりさせることができず、ひいては自分の意見のない、ただの無味乾燥な言葉の羅列で終わってしまう。小論文を「大人の考え」とすると、せいぜい「子どもの思いつき」になるのがオチだ。

そこで設問がイエス・ノーを問うていないときは、次のように命題を立て、**自分でイエス・ノーで答えられるものに変えてしまう**のだ。たとえば、

「科学技術が社会に及ぼす危険性について述べなさい」にイエス・ノーで答えるための命題

- **科学技術は本当に人間を幸福にしたか。**
- **科学技術によって社会を安定させることはできるか。**

……………………

このとき、どのような命題をつくるかは、自分が論じたい内容、もっていきたい結論に応じて決める。あとで紹介するアイデアメモの中から、最もおもしろそうな意見が生かせるような命題を立てるのだ。この設問のケースで、「科学技術は人間を管理する者と管理される者に分けてしまった」という結論にしたい場合なら、命題はそれを導き出すために「科学技術は社会に不平等をもたらしたのではないか」とすればいいわけだ。

そして実際に書くときは、冒頭でもともとの問いである「科学技術が社会に及ぼす危険性」について簡単に触れる。その後、自分で立てた命題に話題を転じていくのだ。

◉書き出し方の例

科学技術が社会に及ぼす危険性を考えたとき、最も懸念されるのは、それが社会に不平等をもたらすのではないかという問題である。

…………………

そのほかにも、設問をイエス・ノーで答えられるものにつくり変えるテクニックに、以下のようなものがあるので利用してみよう。「……」がもともとの問いのテーマ、「○○」が導き出したい結論のキーワードだ。

- **……と言われると、○○を連想する。**
- **……の問題は、つまるところ○○の問題に集約される。**
- **……の問題をせんじつめれば、○○の問題として捉えることができる。**

ただ、なかにはどうしてもイエス・ノーで答えられる形にしにくい設問もある。典型的なのは「環境保護のための対策を述べよ」などと、具体的な内容にまで踏み込んだ設問だ。そんな場合には、いきなり「環境保護のための最もよい対策は……である」と、最初に結論を述べてしまうといい。それを問題提起代わりにして、自分の結論が正しいかどうかを小論文全体で検証していくのだ。

結論のイエス・ノーは「他人と違う意見かどうか」で選べ

さて、まずは小論文をどういう論旨にするかだ。このとき何よりも注意したいのが、「人が書かないような意見を書く」ということである。小論文というと、「自分の考えを正直に述べるもの」と思っている人が多い。だが、これではありきたりの内容になりやすく、個性的な意見を書くことはできない。

もちろん現実生活のなかでは、常識的な意見を言う必要があることもあるだろう。あるプロジェクトに自分は賛成なのに、大半の人が賛成しているからといって、個性を出そうと無理に反対派に回るのはナンセンスだ。だが小論文とは、1章で述べたように、自分がいかに頭が切れるかを示す〝知のゲーム〟なのだ。また論理性や幅広い視野、柔軟な思考を身につけるためのトレーニングでもある。さらには人とは違った、自分だけの個性を磨くためのものでもある。そう考えたとき、誰もが考えそうなありきたりの意見を書いたのでは意味がない。たとえば次の例をみてみよう。

「グローバリゼーションは人類に何をもたらすか」と問われた場合

⊗悪い結論の例

グローバリゼーションによって、日本にいながら世界中のあらゆるものが手に入るようになった。グローバリゼーションは人類を豊かにする。

これでは完全に紋切り型で、読んでみたいと思わせるのは無理だろう。ほかの方向で考えることができないか考えてみよう。総じて、最初に浮かんだ意見はありきたりのものであることが多い。ごく普通の社会生活を営むかぎり、いわゆる「常識」の枠内で考える癖がついているからだ。できれば、**最初に思いついたのと逆**の意見で論理を展開することを考えてみるといい。つまりこの場合なら、次のような意見にしてみる。

◉よい結論の例

・グローバリゼーションは人類を不幸にする。
・グローバリゼーションは、人類に何ももたらさない。

これを展開するために、たとえば歴史に目を向け、

・世界はこれまで、何度もグローバル時代と反グローバル時代を繰り返してきた。今回もその一つに過ぎず、いずれまた反グローバル時代になる。それほど騒ぐことはない。
・いま、グローバリゼーションは人類を豊かにするといった論調が主流だが、はたしてそうだろうか。……

といった具合に、話を展開していくのだ。これで説得力のある論を展開することができれば、かなりレベルの高い小論文を書くことができるはずだ。

Step2

物語の「起承転結」にあたる「四部構成」をマスターせよ

小論文というと、「内容で勝負」と思っている人は多い。確かに間違いではない。注目される小論文を書くには、個性的な意見、人とは違った意見で、かつそれが論理的に表現されていなければならない。ただ、ここで忘れてならないのは**構成力**の重要性だ。

いかなる文書であれ、読み手がいる以上、他人に理解できる文章でなければならない。自分の意見をズラズラ書いただけでは、それは思いつきを記したメモにすぎず、読みにくいことこのうえない。これでは他人を説得するのはまず無理だ。

小説や映画で「起・承・転・結」が大事だと言われるのも、他人を説得できるストーリーをつくるには、構成がきちんとしていることが重要だからだ。この「起・承・転・結」は、物語をつくるうえで、最も基本となる構成パターンのことだ。「起」で物語が始まり、「承」で「起」を受けて物語が進む。「転」で、それまでの流れがガラリと変わり、「結」でラストとなる。このパターンに当てはめると、メリハリが出てわかりやすく、おもしろい物語にすることができるのだ。

ここで、誰でも書ける**樋口式・四部構成**を伝授する。ぜひマスターしてほしい。これさえつかめば、どんな文書でもモノにできる。注小論文で「起・承・転・結」にあたるものは何かというと、それは「**問題提起・意見提示・展開・結論**」**の四部構成**だ。これは私が小論文の指導をするにあたって、つねに生徒たちに教えているもので、この構成に沿って書けば自動的に、論理的で説得力のある小論文にできる。それぞれについて説明しよう。

問題提起　これから自分が何について述べるのかを紹介する部分。ここで、自分が何についてイエス・ノーを言おうとしているのかを書き、自分の問題意識を読み手に知らせておく。（1〜2割）

意見提示　「問題提起」で示した命題について、自分はどのような立場をとるつもりかを示す。これで文章に流れが生まれ、つぎの「展開」に話を進めやすくなる。読み手としても、書き手の立場をここで知らされることで、続きに対する心の準備ができ、論旨を理解しやすくなる。（2〜3割）

展開　小論文の〝心臓部〟。なぜ自分がイエスまたはノーの立場をとるのか、その理由を示す。ここでいかに説得力ある論を展開できるかで小論文のレベルが決まってくる。最も時間をかけてアイデアを考えたい部分だ。（4〜5割）

結論　最後のまとめ。これまで述べてきたことを簡単に整理して、自分が命題に対しイエス・ノーいずれの立場に立つかを再度はっきりさせておく。（1割）

どんなテーマでも、何文字の文章でも、この四部構成に当てはめて書けば必ずうまくいく。物語の「起・承・転・結」が、数十ページの短編小説にも、何百ページもある長編小説にも必ずあるのと同じだ。読み手をおもしろがらせる小説を書こうと思うなら「起・承・転・結」が最も適しているように、自分の意見を読み手にわかりやすく伝えたいときは、この「問題提起・意見提示・展開・結論」の四部構成が一番いいのだ。

便利な各部ごとの〝書き出しパターン〟を覚えよう

小論文を四部構成に沿って書くとき、覚えておくと便利なのが、各部ごとの書き出しパターンだ。「書き出しをパターン化する」と言うと、文章にこだわる人は「何を不謹慎な」と思うかもしれない。何の工夫もない紋切り型の書き出しでは、読み手に対して失礼というわけだ。

だが小論文で重要なのは、何を主張するかである。そして主張したいことを、わかりやすく説得力をもって語ることだ。そのためには自分で書き出しを工夫するより、紋切り型のパターンを使ったほうが、よい結果を生みやすいのだ。書き出しに工夫する暇があれば、アイデアを充実させることに時

注　論文を書くときによく言われる方法に「序論・本論・結論」の三部構成がある。まず序論で何を書くかについて簡単に触れ、本論で述べたいことを書く。最後に結論で、全体のまとめを書くというものだ。これは間違っていないのだが、この分け方はあまりに大雑把すぎる。これだと「初めと終わりの挨拶を忘れず、あとは本論で自分の意見を書け」と言っているにすぎない。これできちんとした構成の文章が書ければ、誰も苦労しない。

間をかけたほうがいい。次に各部ごとのパターンを整理しておこう。

問題提起――「〜だろうか」

ここでは自分がどんな命題について論じるつもりかを説明する。そこで文末を「〜だろうか」と疑問形で終わらせる文章にすると便利だ。たとえば「科学技術は人間を幸せにするか」という命題なら、「科学技術は人間を幸せにするのだろうか」といった具合だ。こう書くとつぎの「意見提示」で、この疑問を受ける形で意見を述べることができ、論を進めやすくなる。

ただし、いきなり疑問形で文章を始めるのは、やや唐突な印象を与える。そこで字数に余裕があるなら、冒頭に命題にまつわる個人的体験または客観的事実を書くといい。個人的体験とは「最近、家の外を歩くと、よくこんな光景を見かける」といったもの、客観的事実とは「先日、新聞でこんな記事を読んだ」といったものだ。たとえば「いま私たちの周りには科学技術によって生まれた製品が満ちあふれている。こうした製品を生み出す科学技術はしかし、本当に人間の幸福に役立っているのだろうか」といった具合だ。

課題文のある設問なら、冒頭に課題文のメインテーマを「課題文では……とされている」と簡潔にまとめ、それについて「〜だろうか」と疑問を呈する形にすればいい。

意見提示――「確かに……、しかし～」

ある命題について考えるとき、たいていイエスの部分もノーの部分もあるものだ。それを小論文ではあえてどちらかの立場に立って論を進めなければならないわけだが、自分の意見がイエスだからといってイエスのことばかり書くのは、「視野の狭い論文」という印象を与えやすい。

一方、ノーの意見にも触れておけば、さまざまな選択肢の中からあえてイエスの意見を選んでいるとアピールすることができる。そこで、「確かに……」のあとにノーの意見を書いて反対意見にも理解を示しつつ、「しかし～」と自分の意見を述べるようにするとよい。

展開――「なぜなら～」「その背景には～」

「意見提示」を受けて、その理由を深く考察するのがこの部分の目的だ。そこで書き出しを「なぜなら～」とか「その背景には～」といった言葉で始めると、論を深めやすくなる。ただ、なかには論を深めることができず、ただ現象をダラダラ書きつらねるだけで、深い考察に至る前に文字数を使い切ってしまう人がいる。自分にそんなクセがあると思ったら、最初に結論を書くのも手だ。

つまり書き出しで「私はこう考える」と書いてしまい、その後、「なぜなら～」と理由を説明していくのだ。結論を目指して論を進めていけばいいのだから、途中で何が言いたいかわからなくなる心配もない。

結論――「以上、見てきたように〜」

この部分では全体を簡単にまとめ、自分の意見を再確認する程度でいい。そこで書き出しは「以上、見てきたように〜」と書き、続きに「よって私は、〜と考える」と書けば、それで十分だ。

なお、各部の分量配分については、**ステップ4**の②「構成メモづくり」（一二四〜一二五ページ）のところで解説する。

虎の巻　小論文の心得四箇条

その一　禁句！「〜は許せない」「〜はすばらしい」

小論文の究極の目的は、命題に対する自分の意見を、読み手に納得させることである。小論文をゲームと考えるなら、相手に「なるほどそのとおりだ」と思わせれば〝勝ち〟となる。だが、ここで気をつけたいのは、力ずくで相手を説き伏せてはいけないということだ。

小論文における「力ずく」とは、自分の感情を読み手に押しつけることを指す。大事なのは、自分とは違う立場の人もいることを理解したうえで、自分の意見の正当性を論理的に訴えることだ。つまり理性的に説得する必要があるわけで、感情的な表現を使ってしまうと「ルール違反」として読み手に拒絶反応を引き起こす。

感情的な表現とは、**「許せない」「すばらしい」**といったものである。これは小論文では絶対に禁句だ。たとえば「所得の不平等をなくすことはできるか」といった命題に対して、「所得の不平等が生じるような社会は許せない」「すべての人が平等な世界ほどすばらしいものはない」などと書くのは、小論文としては不適切なのだ。

「許せない」「すばらしい」などと書くと、自分の意見の有用性ばかりを押しだすことになり、言わば他の意見を認めない意思表示ということになってしまう。これでは視野の狭さを自らアピールしているようなもので、読み手の共感は得られない。

右の命題について論理的に書くなら、「行き過ぎた所得不平等が、人々の気力を失わせることは確かである。しかしだからと言って、すべての人間が平等になるようにと富の所有を規制してしまえば、それも社会の発展を阻害することになる」などと、反対の意見にも一理あることを示す必要がある。

逆に言えば、「許せない」「すばらしい」といった感情的な表現を避けることで、小論文は自然に論理的な説得力を持つのである。もしこの禁句が浮かんでしまったときは、自分が感情的になっている危険信号だと考えて、頭を切り換え、違うアプローチを考案するようにしたい。

同様に注意したいのが、**「〜するのは不道徳だ」「〜するのは当然だ」**といった表現だ。一見すると論理的な表現に見えるが、じつは自分の理屈の押しつけにすぎず、やはり論理を捨てた感情的な言葉である。これも禁句と思っておいてほしい。

虎の巻　小論文の心得四箇条

その二　読みやすく、誤読されない文章を書くには

❶ ダラダラ長い文章は避ける

いくら「小論文は中味や構成で勝負」と言っても、読みやすい文章であるに越したことはない。名文、美文である必要はないが、自分の意見を理解してもらうためには最低限、誤読されない文章にする必要がある。

そこでいくつか注意したい心得を紹介しておこう。まずは、**一文をあまり長くしない**ことだ。頭に浮かんだことを、つれづれなるままにそのまま書いていくと、あれもこれも書きたくなってダラダラした長文になってしまうことがある。これは読み手にとっては非常に読みづらい文章なのだ。たとえば次のような例をみてみよう。

⊗悪い例

日本という国家の特徴は何かと考えたとき、かつて軍国主義をとっていた国で、現在は戦争を放棄した平和国家であるという複雑な事情があり、そこから戦争というものに非常に神経質な国民が多いことが挙げられる。

「国家の特徴」を主題としているのだが、間に長々と説明が入って焦点がぼやけ、主旨がわかりにくい。

⊙修正例

日本という国家の特徴を考えたとき、戦争というものに非常に神経質な国民が多いことが挙げられる。日本はかつて、軍国主義をとっていた。そして現在は、戦争を放棄した平和国家である。そんな複雑な事情がその要因の一つであろう。

このように一文を短く切り、結論を冒頭で述べるようにすれば、ずいぶん読みやすく、主旨が伝わりやすくなる。

しかも一文を長くすると、読みにくいだけでなく、うっかりおかしな文章を書くことにもなりやすいのだ。たとえば「…なので…となり、…ということも起きるが、…という事情もあって…」などと、文意がくねくねと曲がってしまう。その結果、初めと終わりで主張が逆になっていたという悲惨なことも起きてしまうのだ。

これを避けるには、なにしろ一文をできるだけ短く、**長くとも六〇字以内**にとどめるようにしたい。もしそれ以上になる場合は、途中でうまく切ることができないかもう一度考えてみよう。

虎の巻　小論文の心得四箇条

その二　読みやすく、誤読されない文章を書くには

❷ 重要なキーワードは言い換えない

読み手に論旨をわかりやすく伝えるうえでもう一つ注意したいのは、重要なキーワードについては、**二回目以降に使うときも**「あれ」「それ」などの指示語ではなく、**キーワードをそのまま使う**ようにするということだ。

文章作法ではよく、同じ言葉を何度も繰り返して使うのはみっともないとか、へたな文章だとか言われる。できるだけ表現を変えるのが、うまい文章だというわけだ。

だが、小論文ではこの「常識」は忘れたほうがいい。小論文ではむしろ、同じ言葉を何度も使ったほうがよいのである。とくにテーマと関係するキーワードは、何度でも繰り返し使う。「資本主義」がキーワードなら、「それ」「そのこと」などと言い換えず、つねに「資本主義」と書く。

繰り返しの効用は二つある。一つは読み手に「資本主義」が鍵概念であることを強調できる点だ。もう一つは、誤読を防げる点である。「それ」という指示語で「資本主義」を指したつもりが、文章の流れによっては「社会主義」と読まれてしまう場合もありうる。こうした誤読を避けるためにも、重要なキーワードほどそのまま使ったほうがよい。

その三　具体例をプラスせよ

「百聞は一見にしかず」という諺があるが、これは小論文でも重要なことである。自分の意見を主張するとき、その正しさを理屈だけで納得させることは難しい。言葉や論理のプロでない人間が、理屈だけで何かを説明しようとしても、言葉が空回りするだけで終わってしまう。読み手としても退屈で、主張に共感しづらい。

そこで、**自分の主張を裏づける具体例を書く**ことが重要になる。たとえば「国際社会における日本の今後の役割」という命題に対して、ただ「日本はアジアのリーダーとしての役割を果たさなければならない」と書くだけでは、かなり漠然としたものになってしまう。

これをたとえば、「アジア全体を結ぶ国際ハブ空港を日本国内に作るべきだ」とか、「円を基軸通貨とした経済共栄圏を築くべきだ」と書けば、イメージが膨らんで主旨が伝わりやすくなる。あるいは「中国経済にはいまだ不安定要素があり、アジアのリーダーは日本以外にない」といった具合に客観的事実を書いて説得力を持たせる方法もある。

しかも具体例を書くことには、次の論の展開に向けて自分自身が発想を膨らませやすいというメリットもある。

虎の巻　小論文の心得四箇条

その四　中途半端な結論は禁物！

小論文を書くにあたってキモとなる心得をいくつか述べてきたが、最後にひとつ、重要なことを挙げておきたい。それは、小論文では**結論として中途半端な意見は絶対に書いてはいけない**ということだ。

何度も述べてきたように、小論文はある命題について、イエスかノーかを主張するものだ。だが、ちょっと考えてみればわかるように、世の中に「絶対にイエス」とか「絶対にノー」と言えるようなことというのは実はそうそうない。そこでつい、「私はイエスだと考えるが、なかにはノーと思う人がいてもおかしくない」といった、非常に中途半端な結論を書いてしまう人がいる。

これだけ価値観が多様化した世界で、へたにイエスかノーを言い切ってしまうと、偏った意見の持ち主だと思われるのではないか、と懸念する気持ちはわかる。だが、これでは自ら「私の意見は無視してもらってけっこうです」と言っているようなものだ。繰り返すが、小論文は読み手を説得する〝ゲーム〟である。このゲームは勝つか負けるかであって、多様な価値観を認める度量の大きさを競うものではない。さまざまな他の意見もふまえたうえで「自分の考えは正しい」と自信を持って主張しなければ、読み手を説得することなどとうていできない。「自信がないのなら、自信の持てる意見をたずさえて出直してこい」ということになる。

たとえば「日本に大統領制を導入することに賛成か」という命題があったとしよう。これについて、「私は賛成だが、実現は難しいだろう」と考えたとする。確かに現実的な意見ではあるかもしれないが、これをそのまま書いたら小論文にはならないのだ。

もしこの考えを小論文として書くなら、「大統領制の実現は難しい。だが、政治不信が募り、代議制を支える政治家のリーダーシップが揺らいでいる現在の日本においては、大統領制の導入が国民の政治意識向上に非常に有効に働く可能性が極めて高い。よって私は大統領制に賛成する」というような結論にしなければならない。

たとえ本心がどうであれ、文章のなかでは「私の意見は絶対に正しい」という態度を貫く。それが、小論文という〝知的ゲーム〟に参加するうえでの、重要な〝参加資格〟なのである。

Step3

「キラリと光る意見」を見つけるアイデアメモのつくり方

小論文の出来、不出来を決めるのはアイデアメモだ

小論文を書くうえで、アイデアが重要なのは言うまでもないだろう。構成のしっかりした文章、説得力のある文章であることは大事だが、その言わんとする内容が凡庸で底の浅いものでは、何のために書いているのかわからない。

私が小論文指導で受験生によく言うのも、**「キラリと光る意見」を書け**ということだ。天才でもなく、作家でもない普通の人間が、初めから終わりまで非凡な文章などそうそう書けるはずはない。しかし、全体のなかで一つでもキラリと光る意見を書けば、採点官に注目される。当然、高得点に結びつくわけで、これは社会人がビジネス文書を書く場合も同じだ。そもそも本書が小論文を勧める理由は、個性的な発想力を磨くためでもあり、そのためには「キラリと光る」小論文を書くことが、いい訓練になるのだ。

人とは違う「キラリと光る」意見など自分には書けないと、はなからあきらめてしまう人もいるかもしれない。ある命題について人と違う意見を書くには、「人の何倍も知識を吸収しなければならない」とか「個性的な性格にならなければならない」と思っている人もいるだろう。

だが、そんなことはない。社会人ともなれば、それまで生きてきたなかで培った経験や情報がある。これらを思い出しながら、命題と何らかの形で結びつけていくことで、「自分にしか言えない個性的な意見」が言えるようになるのだ。

「凡庸な意見しか言えない」という人は、自分の中に蓄えられている経験や情報を引き出す方法を知らないだけだ。あるいは命題との結びつけ方がわかっていないだけなのだ。そこで重要になってくるのが、**アイデアメモをつくる**という作業だ。

アイデアメモは、自分の中にある経験や情報を、命題にもとづいて引き出し、全体の論旨を組み立てるための、いわば関連づけの道具だ。そこから〝キラリと光る意見のもと〟を見つけ、考察するためのプロセスでもある。

以下にアイデアメモのつくり方を紹介するので、ぜひ自分の中にある〝キラリと光る意見のもと〟を引き出してほしい。

「3WHAT・3W・1H」でアイデアメモを充実させよう

アイデアメモは基本的に、命題について思い浮かんだことを、紙にどんどん書いていけばいい。とうてい使えないように思えるアイデアでも、とりあえず頭に浮かんだことはすべて書いていく。どんなアイデアでも書いているうちに発想が広がり、そこから新しいアイデアが浮かぶこともある。

とはいえ「何でもいい」と言われると、かえって何を考えていいか困るものだ。そこでアイデアを出すうえで手がかりにするといいのが、「3WHAT・3W・1H」だ。これは報道関係者が記事を書くときに重要だと言われる「5W1H」を、アイデアメモ用にアレンジしたものだ。

3WHAT

1 何を意味しているのか（定義）
2 現在、何が起こっているのか（現象）
3 今後、何が起こると予想されるか（結果）

＊「定義」「現象」「結果」などと書くと、なにやら難しそうで、この段階でつまってしまうかもしれない。だが、これらはアイデアを出すための手がかりなので、あまり厳密に考える必要はない。

＊また、命題によっては3WHATを考えにくい場合もあるので、これは無理だとか、今回は考える必要はないと思ったら、無理に書かなくてもかまわない。

3W

1 WHY（なぜ）…それが起こった理由や背景
2 WHERE（どこで）…場所を変えて考えるとどうなるか
3 WHEN（いつ）…その現象がどういう時期に起きているのか、昔はどうだったのか

1W

HOW（どうやって）…その問題にどう対処するか

ここで実例として、「現代における人と科学のかかわり」をテーマにしたアイデアメモを紹介しておこう（左ページ参照）。

「これだ」と思えるアイデアが出たら、そこから考えを発展させる

「3WHAT・3W・1H」でアイデアを出すときは、一つの見方に縛られないことが重要だ。さまざまな角度から考え、そこから「これだ」と思えるアイデアを出すようにするのだ。そのためアイデアメモの段階では、命題に対する立場もイエスかノーかは決めないほうがいい。どちらの立場もありうるという視点で、いろいろと発想をふくらませてみよう。

また、何がよくて何が悪いかといった価値観も、最初は持たないようにする。図に挙げたアイデアメモのように、はじめは対立するさまざまな視点から考える。そうすることで、よりおもしろいアイデアも出やすくなるのだ。そうして「これだ」と思うアイデアが出てきたら、今度はそれについてまた「3WHAT・3W・1H」を使って、考えを深めていく。

そうして、また「これだ」と思えるアイデアが浮かんだら、さらに「3WHAT・3W・1H」を使ってアイデアを練っていくのだ。時間が許すかぎりこれを行って、どんどん深いアイデアを出していってほしい。一つのテーマでB4の紙が埋まるぐらいは、アイデアを出すようにしたい。

もちろん外国の事例や過去の事例などを知るために、本やインターネットを利用するのもいい。問題意識をもって調べた事柄は、他の命題について考えるときも必ず役に立ってくる。自分の中の考え

小論文の生命・アイデアメモはこうつくる！

3WHAT

定　義（科学とは何か。人と科学のかかわりとは、何をさすか）

- 自然などを正確に解明するための方法

現　象（何が起こっているか。何が問題になっているか）

- 科学が発達したために、自然破壊が起こっている
- 科学が発達したために、兵器などができて、むしろ人間を苦しめている
- 迷信から解放され、自然を解明することで、ますます豊かな社会を築けるようになった

結　果

- このまま科学が発達すると、人間や社会がいっそう合理化される
- 科学のためにもっと多くの脅威が生み出されて、取り返しがつかなくなるかもしれない

3W

な　ぜ（なぜ、科学は人間のためにならないのか。なぜ、人間のためになるのか）

- どれほど科学が発達しても、自然を意のままにすることはできない
- 科学の発達が、本能や非合理性にもとづく「人間らしさ」を抑圧する
- 破壊された自然を保護し、回復し、これ以上破壊が進まないようにするには、科学の力によるしかない

どこで（よその地域ではどうか、先進国・発展途上国ではどうか）

- 先進国の、クリーンエネルギー開発の試み
- 自然との共生を進めるドイツなどの先進国
- 森と共生して、自分らしく生きている途上国の人々

い　つ（かつてはどうだったか）

- 科学が発達する以前の日本人の精神的豊かさ

1H

対　策（人と科学のかかわりを好ましいものにするにはどうすればよいか）

- 市民による監視制度を作って、科学者の暴走を防ぐ
- 真理解明のための科学ではなく、人間のための科学をもっと発展させる

る〝タネ〟を増やすことにもなるのだ。

アイデアが浮かばないときは、極端な例を想定してみる

「３ＷＨＡＴ・３Ｗ・１Ｈ」を使っていろいろ考えてみても、どうも常識的な考えしか出てこないこともある。出てきたアイデアを見ても、「キラリと光る意見」が書けそうにない。そんなときは、極端な例を想定してみるのも手だ。**「こんなことはありえない」というケースを考えることで、常識的な発想の枠を打ち破る**のだ。

先の「現代における人と科学のかかわり」なら、ＳＦ映画やマンガ、アニメのシーンを想像してもいいだろう。『風の谷のナウシカ』のような、科学技術が大きく後退した社会を想像して、そこから、現代における人と科学のかかわりの怖さについて考えを進めてもいい。逆に『鉄腕アトム』のような、人と科学が共存する社会をイメージして、そこから考えを深めてもいい。『ゴジラ』のような、科学のひずみが人類に災いをもたらすケース、『ターミネーター』のような、科学技術の究極が生んだ怪物と人間の闘いを想像する手もある。

もっとも、そこで「これは」というアイデアが浮かんだら、極端な例のほうは捨ててしまうことだ。実際に小論文を書くとき、「たとえば『風の谷のナウシカ』のような世界を想像してみると……」などと書くと、陳腐な文章になりやすい。

極端な例はあくまで、常識的な発想から離れて個性的な意見を出すための起爆剤と考える。そして

郵便はがき

161-0033

50円切手を貼ってお出し下さい

東京都新宿区下落合
1—5—18—208

小論文指導ゼミナール
白藍塾
総合情報室
資料請求SH係行

「これは」というアイデアが出たら、「３ＷＨＡＴ・３Ｗ・１Ｈ」を使って、説得力のある論になるようさらに考えを深めていけばいい。

Step4 アイデアメモから構成メモへと発展させる

❶イエス・ノーの決定とアイデアのピックアップ

アイデアメモを充実させ、「これは」というアイデアが出てきたら、つぎに行うのは実際に使うアイデアと使わないアイデアの選別作業だ。このときまずは、結論をイエス・ノーのどちらかに決定する。

いままで出たアイデアを見ながら、どちらを結論にしたほうが、より個性的で説得力があるかを考えてイエス・ノーを選ぶ。決まったら、それをもとにアイデアメモの中から使えそうなアイデアをピックアップしていくのだ。

たとえば最もおもしろく、小論文の核となりそうなアイデアには二重丸をつける。これは小論文の四部構成、「問題提起・意見提示・展開・結論」の中の「展開」部に使うことになるだろう。そして、そのアイデアをもとに、ほかに使えるアイデアはないかを探していくのだ。核となるアイデアを補足するのに使えるものもあれば、反対意見として使えるものもあるはずだ。それらにも、丸をつけるなり線を引くなりしておく。

❷構成メモづくり

アイデアのピックアップ作業が終わったら、つぎは構成メモづくりだ。この構成メモは、小論文を書くための骨組みづくりのようなものだ。構成メモをつくらず、ただアイデアメモを見ながら書いていくと、書いているうちに何か言いたいかわからなくなったり、論旨がおかしくなったりしやすい。気がつくと、最初に考えていたことと逆の結論を書いたりもしやすい。構成メモをつくることで、そうした失敗を防げるのだ。

構成メモの基本になるのは、小論文の四部構成だ。**メモ用紙に「問題提起」「意見提示」「展開」「結論」の四つの柱をつくり、ピックアップしたアイデアを、使える部分に振り分けていく。**振り分けるまえに、それぞれの書き出しパターンを書いておくと、どのアイデアがどの部分に当てはまるか見分けやすくなり便利だ（次ページ参照）。

このとき、もし「展開」部にいろいろなアイデアが入るようなら、ここでアイデアの整理をもう一度やっておきたい。**「展開」部で書く主張は、できるだけ一つに絞ったほうがいい。**「展開」部にいろいろな主張が入ると、意見が散漫になり、何が本当に言いたいことなのかわかりにくくなってしまう。最も主張したい意見を補足するアイデアや、さらに深めるアイデアなら、補助的に使えばいい。一方、まったく別の主張になってしまうアイデアなら、潔く捨てる。

そのアイデアが「展開」部で使えるかどうかは、最も主張したい意見と、どのような言葉で結べるかを考えてみればいい。**「なぜならば」「その理由は」などで結べるならば、最も主張したい意見を深**

小論文の骨組み・構成メモはこうつくる！

（例「現代における人と科学のかかわり」）

文字量		
1～2割	問題提起	**「～だろうか」** ●現代の人と科学のかかわりは、真に人間を豊かにしているだろうか。
2～3割	意見提示	**「確かに……」** ●科学の発達によって人間は迷信から解放され、自然を解明し、よりいっそう豊かな社会をつくった。 **「しかし～」** ●科学の発達は自然破壊をひきおこし、大量破壊兵器を生み、21世紀を迎えて人間はむしろ苦しんでいる。
4～5割	展開	**「なぜなら～」「その背景には～」** ●どれほど科学が発達しても、自然を意のままにはできない。科学によってすべてを解決しようとする態度を改めるべきだ。 ●科学は「真理の解明」を旗印に、あらゆることを犠牲にして前進してきた。 ⬇ ●日本では、「科学は素人にはわからない」という通念が根強く、科学者と市民の間には大きな隔たりがある。 ●欧米のように、サイエンス・ライターの存在など、科学を一般社会にわかりやすく伝える社会システムが今以上に必要➡それによって自然に「市民による監視」の体制がつくられていく。
1割	結論	**「以上、見てきたように～」** ●これからは、科学が人の生命を脅かすことのない社会をつくるために、科学を前進させることだけに努めるのではなく、「科学を監視するシステム」をつくるべきだと私は考える。

郵便はがき

料金受取人払

新宿北局承認

4523

差出有効期限
平成23年2月
19日まで

有効期限が
切れましたら
切手をはって
お出し下さい

1698790

260

東京都新宿区西早稲田
3—16—28

株式会社 **新評論**
SBC(新評論ブッククラブ)事業部 行

お名前	SBC会員番号 L 番	年齢
ご住所 (〒) TEL		
ご職業 (または学校・学年、できるだけくわしくお書き下さい) E-mail		
本書をお買い求めの書店名 市区郡町 書店		
■新刊案内のご希望 □ある □ない		
■図書目録のご希望 □ある □ない		

SBC(新評論ブッククラブ)**入会申込書**
※に✓印をお付け下さい。

SBCに **入会する** □

SBC(新評論ブッククラブ)のご案内

◆当クラブ(1999年発足)は入会金・年会費なしで、会員の方々に小社の出版活動内容をご紹介する小冊子を定期的にご送付致しております。**入会登録後、小社商品に添付したこの読者アンケートハガキを累計5枚お送り頂くごとに、全商品の中からご希望の本を1冊無料進呈する特典もございます。**ご入会は、左記にてお申込下さい。

読者アンケートハガキ

● このたびは新評論の出版物をお買上げ頂き、ありがとうございました。今後の編集の参考にするために、以下の設問にお答えいただければ幸いです。ご協力を宜しくお願い致します。

本のタイトル

● この本を何でお知りになりましたか

1.新聞の広告で・新聞名（　　　　　　　　）2.雑誌の広告で・雑誌名（　　　　　　　）3.書店で実物を見て
4.人（　　　　　　　　）にすすめられて　5.雑誌、新聞の紹介記事で（その雑誌、新聞名　　　　　　　）　6.単行本の折込みチラシ（近刊案内『新評論』で）7.その他（　　　　　　　　）

● お買い求めの動機をお聞かせ下さい

1.著者に関心がある　2.作品のジャンルに興味がある　3.装丁が良かったので　4.タイトルが良かったので　5.その他（　　　　　　）

● この本をお読みになったご意見・ご感想、小社の出版物に対するご意見があればお聞かせ下さい（小社、PR誌「新評論」に掲載させて頂く場合もございます。予めご了承下さい）

● 書店にはひと月にどのくらい行かれますか

（　　　）回くらい　　　書店名（　　　　　　　　）

● 購入申込書（小社刊行物のご注文にご利用下さい。その際書店名を必ずご記入下さい）

書名	冊	書名	冊

● ご指定の書店名

書店名　　都道府県　　市区郡町

めることができるアイデアなので残しておけばいい。**「そして」「また」でしか結べないアイデアは、別の主張になることを意味する。**どうしても字数が足らないときなどを除いて、使わないようにすることだ。

あとは、この構成メモを見て、多少の肉づけをしながら実際に書いていけばいい。ただ、このとき肉づけが多すぎると字数オーバーになるし、少なすぎると字数が足らなくなる。そこで、書くまえに分量の配分を決めておくと便利だ。

目安としては、**「問題提起」が一～二割、「意見提示」が二～三割、「展開」に四～五割、「結論」に一割**といったところだ。書くときに、つねにこの文字量を意識して、どの程度肉づけするかを考えていけばいい。

❸アイデアメモを充実させるための頭の鍛え方

以上、アイデアメモづくりから始まって、構成メモを経て小論文を書くまでの過程を紹介した。結局、**小論文の出来・不出来は、アイデアメモしだい**だということが、おわかりいただけただろう。そこでステップ4の最後に、アイデアメモを充実させるための頭の鍛え方を紹介したい。

◉つねにテーマを意識して情報摂取　基本的には、過去の小論文で出題されたテーマをつねに頭に置いて、新聞や本などを読むことである。テレビの報道特集や討論番組なども、いろいろな見方や意見を知るうえで参考になる。

◉辞書を引け！　言葉に敏感になるという意味で、日ごろからわからない言葉が出てきたとき、辞書や『イミダス』などの現代用語辞典を見る習慣をつけるようにしたい（インターネットの場合は情報が玉石混淆なので、識者や研究機関などその道のプロが公開している情報にアクセスするよう注意しよう）。語彙を増やすのに役立つし、現代用語辞典の場合、意味を理解するだけでなく、その言葉の背景にある現代社会の問題を詳しく知るのにも役立つ。

◉新聞投書欄を活用せよ！　先の二つは自分の中のネタを増やすために有効な方法だが、もう一つ、常識的ではない、他人に「おっ」と思わせる意見を言うためのトレーニング法もある。私が最も効果的だと思うのは、新聞の投書欄を利用するというものだ。

新聞の投書欄は、小論文の〝練習相手〟の宝庫みたいなものだ。投書欄に出てくる文章は素人が書いたものだけに、ツッコミどころが満載だ。文章や構成が甘いものが多く、内容も感情的だったり、見方が偏っていたりする。これを反面教師として、もっといい小論文にする方法を考えるのだ。

具体例が欠けているなら、どんな具体例を出せばいいか、構成が甘いならどんな構成にすれば引きしまるか、さらには主張自体がおかしいと思ったら、どんな反論が考えられるかなどを考えていくといい。

◉飲み会でも四部構成　また、ふだんから論理的な考え方をする習慣をつけておくのも重要だ。同僚などと世間話をするときも、小論文の四部構成で考えるようにするのだ。同僚が話しているテーマについて「〜だろうか」「確かに……だ。しかし〜」「なぜなら〜だからだ」「したがって〜だ」と自分の意見をまとめてみる。実際に口にしなくてもいいが、大勢で飲みに行ったときなど、聞き役に徹して、そんな〝頭の体操〟をしてみるといい。しだいに、何か考えるときに、それが文章に近い形で浮かんでくるようにもなる。

◉説得材料は三つ用意せよ　もう一つ、習慣づけておくといい思考法がある。それは、自分の意見について、説得材料を三つ挙げるようにすることだ。「その理由は三つある。一つは○○、二つ目は○○、三つ目は○○だ」といった具合だ。

この「三」というのは不思議な数字で、「三つある」と言うと、たいした内容でなくとも、もっともらしく聞こえるものなのだ。三つぐらいなら、少し考えればひねり出すことができる。一つのものごとを多角的に見る視点を養ううえでも有効だ。

◉つねに両面から見る　ものごとを両面から見るクセをつけるのもいい。一つのことにはたいてい、いい面もあれば悪い面もある。ある出来事について「それはいいことだ」と思っても、「いや、悪い面もある」という視点をつねに探すようにする。逆に「明らかに悪い」と思ったことにも、いい面はないかを探す。

これを小論文に生かすときは、「意見提示」で「イエスでもあり、ノーでもある」といった書き方をするといい。視野の広さをアピールでき、本来の「展開」での主張に、より説得力を持たせられる。

Step0 課題文読解――この読み方で〈知の基層〉を構築せよ

課題文は「四部構成」に当てはめて流れをつかむ

さて、いよいよ課題文の読み方である。本来ならこの読解がまず最初に求められるわけだが、ここまで、ステップ1〜4によって、先に小論文というものの構造を知ってもらった。これから述べるように、的確に読むためには書くテクニックが役に立つからである。

慶應・東大の小論文に取り組むとなれば、課題文の的確な読解は避けて通れない。〈知の基層〉の考え方を学ぶためにも、課題文を読みこなす能力は不可欠だ。

もちろん慶應・東大小論文の課題文ともなると、手ごわいものが多い。内容はもちろんのこと、表現が硬かったり、なじみのない専門用語を使っていたりするケースも多く、その言わんとするところを理解しにくいのだ。これまでほとんど硬い文章を読んだ経験のない人にとっては、とっつきにくい世界であることは確かだ。

だからと言って、けっして素人が手を出せない文章ではない。課題文の多くは論文であることを考えると、読み解く糸口は見えてくる。論文というのは、筆者が自分の意見を主張するために書くものだ。その点では小論文と同じであり、じつは**小論文を書くときのテクニックが課題文の読解にも役立**

つのだ。

ステップ2で述べたように、何かを主張しようというとき、最も簡単なのが、小論文の四部構成「問題提起・意見提示・展開・結論」という流れで論を進めるやり方だ。多くの課題文は、この四部構成にしたがって論が展開されている。つまり一見複雑で、何が言いたいのかわからないような課題文でも、それぞれの文章が四部構成のどこに当てはまるかを考えて読んでいけば、その言わんとするところが見えてくるのだ。そして筆者が最も訴えたいところは「展開」部にあるのだから、そこを中心に読み取っていけばいい。

課題文の多くは少なくとも一〇〇〇字以上あり、小論文に比べれば構成も複雑になっている。なかには「問題提起」部がどこからどこまでかわかりにくかったり、「展開」部だけで全体の七割を占めているようなものもある。それでも大筋は、四部構成に沿って展開しているものが大半だ。

「問題提起」部では「〜だろうか」で終わっていたり、「意見提示」部では、「確かに……しかし〜」といった表現が使われていることも多い。そうした表現を探すだけでも、論の流れをずいぶんつかみやすくなる。

以下に、二〇〇〇年の東大文Ⅰで出題された課題文（著者の桂木隆夫は法学・政治学者、学習院大学教授）をテキストに、課題文の読み取り方を説明していく。他の課題文を読むときにもこのやり方を参考にしてほしい（傍線等の強調は私がつけたものである）。

市場倫理は市場経済の倫理であり、いわゆる共同体の倫理とは区別される。共同体の倫理が顔のみえる、比較的同質的な社会関係における倫理であるとすれば、市場倫理は顔のみえない社会関係における倫理であり、また、多様な価値に開かれた社会関係における倫理である。この点は、特に日本的文脈で市場倫理を考える場合には、重要である。なぜならば、日本的文脈では、市場倫理を会社社会の共同体の倫理と常に区別する必要があるからである。

問題提起

日本的共同体の倫理はこれまで様々に論じられてきた。ルース・ベネディクト[1]は、西洋社会の一神教に基づく罪の意識に対して、世間体をはばかる恥の意識が日本的共同体の倫理の核心にあると主張している。また、日本資本主義の特徴が会社主義・人本主義であり、資本の論理によってではなく家の論理によって動くこと、そして、そこにはたらいている倫理は集団主義的な無私と和の倫理であり、さらに平等主義的で同質主義的な仲間の情に訴える車座社会の倫理であることが繰り返し指摘されてきた。

こうした日本的共同体の倫理は、日本的な市場経済の中に、独特な信頼の観念を生みだしてきた。清水龍瑩[2]は、日本の信頼取引について、「信頼取引は，今回は泣いてくれ、談合、といった商習慣、貸し・借りの論理、そこをなんとか、といった一般慣習に代表される日本独特の商習慣である」と述べている。確かに、こうした日本的な信頼の存在が戦後日本の高度成長を支えてきたことは、否定できない。

意見提示

しかし、特に一九九〇年代初めのバブル経済崩壊以後、日本的共同体の倫理と日本的な信頼の観念が市場経済の健全な発展にとって障害となる場面がめだってきた。バブル経済という異常な経済現象やバブル崩壊によって明るみにでた多くの経済不祥事は、人々が私利私欲に走った結果生じたスキャンダルでは必ずしもない。それはむしろ、主に、日本的な車座社会の倫理あるいは無私と和の精神が、「もたれ合い」と「かばい合い」の心理に変質したことによって起こったスキャンダルである。

展開

市場経済の倫理は日本的共同体の倫理とは違う。たとえ日本経済が車座社会の倫理や無私と和の精神を回復したとしても、それだけでは市場経済の倫理が確立したことにはならない。市場経済の倫理が確立するためには、車座社会の倫理が仲間内社会の心理に転落しないための、車座社会が同時に多元的な価値観を受け入れる自由な社会でありうるための自主的なルールの形成がなければならない。そしてそれは、無私と和の精神＝恥の文化が同時に個人のエゴの尊重と自己責任の観念を受け入れるという、私を捨てることによって健康を保ちえている社会が同時にエゴイズムと自己責任を承認するという、社会的価値感情としては矛盾する困難な課題

注1　ルース・ベネディクト（Ruth F. Benedict）一八八七―一九四八。アメリカの文化人類学者。第二次大戦前から戦中にかけて人類学者が行ったヨーロッパ、アジアの地域研究を総合して書かれた『菊と刀』（一九四六年）で有名。断片的で多様な資料から日本文化の「型」を抽出したこの本は、日本でも六〇年代末に翻訳紹介され、大きな反響を呼んだ（邦訳『定訳菊と刀――日本文化の型』長谷川松治訳、社会思想社、一九七五）。

注2　清水龍瑩（しみず・りゅうえい）一九二八―二〇〇一。経営学の大御所。慶應大学名誉教授。

を引き受けることを意味するのである。

市場倫理はまっとうな商いとそうでないものを区別する基準である。しかし、それは隣人愛を説くものではなく、むしろ、エゴイズムと利潤追求を肯定しつつ、自己責任とルール遵守を説く。この意味で、市場倫理は共同体の倫理と矛盾する面がある。市場経済の一つの意味は、「節度あるずるさ」である。しかしこの点は、日本社会の中で十分理解されているとはいえない。

【出典】桂木隆夫『市場経済の哲学』（創文社、一九九五年）

展　開

結　論

一つずつ見ていこう。「問題提起」部は、最初の一段落と考えればいいだろう。後半に「特に日本的文脈で市場倫理を考える場合には、重要である」という一文がある。ここから、筆者は「日本的文脈で市場倫理を考える」ことについて述べようとしていることが推測できる。

「意見提示」部は、二段落目から四段落目と考えればいい。もっとも二段落目から三段落目の途中までは、日本的共同体の倫理についての説明にすぎず、とくに筆者の主張が述べられているわけではない。意見提示らしい内容になるのは、三段落目の最後の文からだ。「確かに」という言葉で始まっていることから、ここで一般論に対する反論を行おうとしていることがわかる。

そして四段落目の最初に「しかし」とあり、ここから筆者の意見が始まる。バブル経済は、人々が私利私欲に走ったためではなく、日本的な車座社会が要因で起こったというのである。

五段落目からが「展開」部にあたり、四段落目で述べた意見をここでさらに深めている。市場経済の倫理と日本的共同体の倫理を並立させることが、いかに困難であるかを述べ、それが六段落目の途中まで続く。

「結論」部は、最後の二文だ。市場経済の一つの本質は「節度あるずるさ」なのだが、これを日本社会は理解していないと述べている。言外に、本当の市場経済を日本社会に採り入れることの困難さを示しているというわけだ。

こうして四部構成に〝仕分け〟できたら、各部ごとの簡単な要約を書き出してみるといい。これで全体の流れが、もっとはっきりしてくる。課題文全体を要約するというと大変だが、各部ごとなら文章量も少なく、それほど難しくないはずだ。

メインテーマを五〇～一〇〇字程度でまとめてみる

さて、四部構成に当てはめて課題文の流れをつかんでも、まだ課題文が何を言いたいのかはっきり見えてこない場合がある。

課題文を読むときに大事なのは、一つひとつの文章や段落が何を言っているかではなく、**全体としての筆者の主張は何か**を見きわめることだ。そこで筆者の言いたいことをつかむために、メインテーマを五〇字から一〇〇字程度でまとめてみるといい。メインテーマを見つけるコツは、大きく言って二つある。一つは、文中で使われている**キーワードに注目**することだ。

「虎の巻」でも述べたように、論文では重要なキーワードはたいてい、文章中に何度も登場する。また回数は少なくても、文章中の目立つ場所で使われていることが多いので、少し意識して読めばわかるはずだ。先の課題文なら、**市場の倫理**や**日本的共同体の倫理**がキーワードになっていることは、すぐにわかるだろう。この二つのキーワードを軸に、メインテーマを考えてみるのだ。

二つ目は、「筆者が何に反対しているか」という目で見ることだ。論文というのは、世の多くの人が「当然だ」と思っていることに対して、「それは違う」と反論しているものが、ほとんどだ。人と違う意見だからこそ、わざわざ活字にして述べる必要があるのだ。何かに反対し、別の意見を言おうとしているのが課題文だと考えればいいわけで、それがまさにメインテーマなのだ。

何に反対しているのかは、「意見提示」部の「確かに……、しかし～」の、「確かに……」以下に述べられていることが多い。ステップ2で説明したように、この部分は、一般論や自分とは逆の意見を書くところだ。ここに注目すれば、課題文が何に反対しているかが見つけやすい。先の課題文なら、「確かに」以下の一文だ。「日本独特の商習慣が日本経済を支えている」という、これまでの常識を否定しようとしているわけだ。

そうして見ていくと、メインテーマはだいたい見えてくるはずだ。この課題文では、たとえばこんな形でまとめられる。

- 日本的共同体は、市場経済の健全な発達の障害になる。これからはエゴの尊重と自己責任の観念など「恥の文化」と矛盾した課題を引き受ける必要がある。そうしなければ市場経済の倫理は確立されない。（九一字）

このメインテーマをどこかにメモしておき、アイデアメモを書くときの参考にするといい。

慣れないうちは、制限時間いっぱいかけて読む

いま課題文の読み取り方を紹介したが、慣れないうちは、これだけでもなかなか難しいだろう。なにしろ〈知の基層〉の考え方を読み取ろうというのだ。これまでの常識的な考え方に縛られている人ほど、新しいことを主張しようとしている筆者の論旨を理解しにくい。また、その道の権威といった人が書いた論文ほど、専門用語などが使われていて、これがいっそう論文を読みにくくさせている。

それでも読み慣れていけば、やがて読解力もついてくる。たとえば読書でも、新書本一冊を読むのに、読み慣れないうちは一日ぐらいかかるだろうが、慣れてくると一、二時間で読めるようになるものだ。

そのテーマについての情報が、ある程度頭の中に入っていれば、タイトルや著者を見ただけでも中身の見当はだいたいつく。あとは、それを確認するために読んでいけばいいから、長時間かけなくとも著者の主張を理解できるのだ。特殊な用語や言葉遣いに慣れてくることもある。課題文も同じで、いろいろな課題文を読み、〈知の基層〉の考え方がわかってくれば、はじめのころよりははるかに短い時間で内容をつかめるようになる。

ただ、慣れないうちは、ある程度時間がかかるのは仕方がない。最初は目安として、課題文を読むのに入試の際の制限時間分ぐらいは使ってほしい。

本来なら制限時間は、課題文を読む時間と小論文を書く時間を合わせたものだ。本番の入試では、制限時間が六〇分なら、課題文読解に使える時間は一五分ぐらいだろう。だがこれだと初心者にとっては短すぎる。「一五分で理解しなければ」と思うと、気持ちがあせって、より文意がつかみにくくなる。本番ではないのだから、開き直って六〇分ぐらいかけるつもりでじっくり読んでいってほしいのだ。

基本的には、最初は内容を理解できなくてもいいから、とにかく最後まで読み通してみる。著者の主張まではわからなくても、だいたいのテーマはわかる。そのうえでもう一度読めば、理解はかなり違ってくるはずだ。たとえば映画でも、続けて二回見ると、一回目は気づかなかったセリフや、カットにこめられた監督の思いに気づくことがある。課題文の読解でも、同じことが言える。

最低でも三回は読んでほしい。そして二回目に読むときは、小論文の四部構成に当てはめたり、メインテーマは何かを考えながら、筆者の主張を理解するつもりで読む。三回目は、その課題文について論じるための糸口を見つけるつもりで読むといい。

なかには相性が悪くて、何度読んでも頭に入ってこない文章もあるかもしれない。どうしても読めないときは、その問題は飛ばすしかない。大学合格が目的でない人は、不得意な問題まで無理して挑む必要はない。

ただしハードルを低くしすぎると、へたをするとほとんどの問題を飛ばさなければならなくなる。目安として、五回読んでみて、それでもちんぷんかんぷんなら飛ばせばいい。

「何の悪口を言っているのか」という視点で読むのも一法

課題文の内容を理解するとき、正攻法は四部構成の流れのなかで見たり、メインテーマを考えながら読んでいくというものだ。その一方、こんなやり方もある。

ある仮説を立てながら、課題文を読んでいくのだ。東大・慶應小論文の課題文は、「モダン・ポストモダン」、「グローバリゼーション・反グローバリゼーション」という視点から、何かを論じようとしている場合が多い。

世間一般の「モダン」的な考え方に対し、「ポストモダン」的な考え方を主張していたり、「グローバリゼーション」に賛同する考え方に対し、「反グローバリゼーション」を主張していたりする。そこで、「この課題文はモダン的な考え方に対して異論を唱えようとしているのではないか」「グローバリゼーションに対して反対しようとしているのではないか」といった仮説のもとに読んでいくのだ。

これは言ってみれば、「なぜだかわからないけれど不機嫌な人」が話す悪口を聞くようなものだ。ある意味で論文というのは、人の悪口を言うのに似ている。自分が異論を唱えたい相手に対し、「それはおかしい」と悪口を言うのだ。

とはいえ論文のなかには、ストレートに「こいつが悪い」と悪口を言わないものも多い。なにか不満があるのだが、直接「これだ」と言わない。その周辺のことばかりに、「ああでもない、こうでもない」とケチをつけている。あるいは、はっきり理由を示さず、「自分は不機嫌だ」と言っているのだ。

こういう相手に出会ったときは、「いったい何に対して怒っているのだろう」とこちらから想像をめぐらせるしかない。それが「仮説を立てて読む」ということなのだ。

もっとも、ここで注意しなければならないのは、悪口を言われているのが「じつは自分だった」という場合が、けっこうあるということだ。論文の筆者は、世の中で広く受け入れられている価値観に文句を言っていることが多い。たとえば、課題文が「それぞれの地域の固有の文化を尊重すべきだ」と主張しているとすれば、それは、これまで欧米の文化を高級なものと考え、アジア・アフリカの文化にほとんど目を向けてこなかったあなた自身への「悪口」かもしれない。

ところが、自分の信じている価値観が悪口の対象になるなどとは夢にも思わない人がいる。その結果、まったく検討外れなものを筆者の悪口の対象だと思い込んでしまい、課題文の主張も読み取れなくなってしまうのだ。

課題文が何に対して悪口を言っているのかわからないときは、「自分の価値観ではないか」と疑ってみてほしい。そこから、思わぬ突破口が見えてくることもある。

権威にノーと言うことを楽しもう

課題文のある問題では、ふつう課題文の主張が、小論文を書くときの命題になる。小論文の基本は、命題に対してイエス・ノーを答えるものだ。「課題文はこう述べている。はたして本当だろうか。いや、そうではない」といった具合だ。

課題文の主張に対し、イエス・ノーいずれの立場に立つかを考える必要があるわけだが、このとき原則としてノーの立場に立つことを考えたほうがいい。そのほうがレベルの高い小論文になりやすいのだ。

東大・慶應小論文の課題文は、大半がその道の専門家が書いた文章だ。それだけに文章に説得力があり、つい「イエス」と言ってしまいそうになる。しかし、それでは自分独自のアイデアが浮かびにくいのだ。課題文の主張をなぞるだけの文章で終わってしまい、読書感想文と変わらなくなってしまう。

逆に「ノー」なら、〝権威〟に向かって反論するという楽しさがある。専門家の意見に反論するなど、素人にはとても無理と思うかもしれないが、そんなことはない。論文はたいてい、世間一般で通用している価値観に反論を唱えている。それだけに論理に無理が生じている場合も少なくない。そのスキをついていけば、反論の余地はいくらでもあるはずだ。

たとえば、先の課題文で考えてみよう。この課題文の主張は、「日本はこれまでの集団主義を改めて、個人重視の社会にするべきだ」というものだ。これにノーと言えないか考えるのだ。

ただし、「これまで共同体の倫理でうまくやってきたのだから、これからも変える必要はない」という意見では、あまりにひねりがなく、説得力もない。別の角度から反論を考える必要がある。たとえば「個人主義というのも、行き過ぎると暴走する点では同じように危険である」などと、筆者が重視しているものの危険性から攻めていくのだ。

では、どうしてもノーの意見が浮かばないときは、どうすればいいか。当然イエスの立場に立つことになる。このとき課題文と同じ土俵から論じるのでは、課題文の焼き直しで終わってしまう。別の観点から、イエスとする理由を論じていくのだ。

先の課題文の場合、経済システムの観点から個人重視の必要性を述べている。そこで経済システム以外、たとえば国際化やグローバリゼーション、情報化といった社会構造の変化から見ていくことで、課題文の議論を一歩進めた内容にするのだ。あるいは「個人の権利の尊重」という側面に注目して、「民主主義の本質はいかにあるべきか」という論点でまとめることもできるだろう。

いずれにせよ、アイデアを出すにあたっては「３ＷＨＡＴ・３Ｗ・１Ｈ」を使って考えていくといい。

要約問題で注意すべき三つの原則

課題文のある問題では、「課題文の内容を二〇〇字程度で要約せよ」という設問がしばしば出てくる。これは採点官が、受験生が課題文の内容をきちんと理解しているかどうかを確認するための出題である。社会人が文章テクニックを磨くうえで不要な設問に思えるかもしれないが、そんなことはない。

要約をやると、内容をしっかり理解しているか自分で確認できるし、なにより要約の能力は、実生活で求められることが多い。長い文章を短い文字量で他人にわかりやすく伝えるようにまとめるのは、社内伝達、会議、プレゼンテーションなど、いろいろな場面で求められる能力でもあるからだ。

文章の要約を行うときに、覚えておきたい三つの原則を挙げておく。

❶ **課題文の筆者になり代わって書く** いちいち「筆者は……と語っている」と書く必要はない。要約なのだから、筆者の主張に決まっている。あえて「筆者は……」と書くのは、文章を読みづらくするだけだ。

❷ **課題文を読んでいない人にもわかるように書く** それが文章であるかぎり、それだけを読んで理解できる、独立した内容になっていなければならない。課題文を読んでいない人が見ても、内容を正確に理解できる文章を書いてはじめて「要約した」と言えるのだ。

また要約のさい特に注意したいのは、文章中に使われている難しい言葉や専門用語の扱いだ。使わないにこしたことはないが、それがキーワードになっていて、どうしても使う必要があることもある。そんなときは、それをそのまま使うのではなく、初めて読む人に向けて、自分なりにかみくだいた、わかりやすい言葉に直して使うことを心がけたい。

❸ **課題文のメインテーマを理解していることを示すように書く** 課題文をただ短くまとめただけの文章では、その文章の重点がどこにあるのかわからない。「これがメインテーマだ」と、はっきりわかるように要約することで、「自分は内容をしっかり理解している」とアピールできるし、読みやすい文章にできる。

課題文が二つ以上あるときの対処法

東大・慶應小論文のなかには、課題文が二つ以上あるケースが少なくない。とくに慶應では、五つ以上の課題文が出題されるケースもある。総合政策学部や環境情報学部では、膨大な量の資料が提示されることが多い。課題文の多さにひるんでしまう人も少なくないが、原則さえ心得ておけば、それほど難しくない。それぞれの課題文のテーマを押さえ、各課題文の主張する内容が、相互にどのような関係にあるかを見ていけばいいのだ。情報過多の現代では、会社の仕事でも個人の勉強でも、多くの資料を参照しつつ自分の思考をまとめなければならないことが多い。したがってこのテクニックは必ず役に立つはずだ。

たとえば課題文が二つある場合、まず見極めるべきは、**二つの主張が共通しているか、対立しているか**だ。主張が共通しているなら、その共通部分について命題を立て、自分はイエス・ノーどちらの立場に立つかを決める。あとはふつうの小論文と同じように進めばいい。

主張が対立している場合は、いずれかに味方をする。どちらとも違う、第三の立場に立つ方法もあるが、専門家二人のいずれとも違う意見を唱え、それなりに説得力ある内容にするのは難しいので、いずれかに味方したほうが無難だ。

どちらに味方するかを決めたら、その主張が正しいという理由を、課題文とは別の観点から述べるようにする。ちょうど課題文が一つのとき、課題文の主張にイエスの立場をとる場合の手法と同じだ。

AとBという主張があって、自分はBに与《くみ》するとする。その場合は、「Aは……と述べている。Bは～と述べている。自分はBを正しいと考える。その理由は……」などと書けばいい。

課題文が三つ以上あるときは、まず各々の論文が以下のパターンのいずれに当てはまるかを検討する。

①すべての課題文が同じ立場をとっている

②課題文の意見が、大きく分けて二つの立場で対立している

③共通する問題点はあるが、それについての意見がすべてバラバラである

①や②の場合は、課題文が二つの場合と同じやり方をすればいい。共通する部分、あるいは対立する部分について自分の意見を述べ、論じていくのだ。では㈫の場合はどうすればいいかというと、どれか一つの意見にイエスの立場をとることだ。そして、イエスの理由を、課題文とは別の観点から述べていく。その意味では、課題文が二つある場合と、基本的には同じと言える。

実際に書くときは、「問題提起」部で各課題文に共通する点を書き、それに対するそれぞれの課題文の立場を簡単に説明する。あとは、ふつうの小論文と同じように論を展開していけばいい。

表やグラフは「極端な部分」に注目する

課題文のなかには、表やグラフの読み取りを求められるものもある。これは目のつけどころさえわかっていれば、それほど難しくない。課題文として出てくる表やグラフは、必ず何かを〝主張〟している。その部分を見つければいいのだ。

表やグラフの〝主張〟を読み取るには、**極端な部分に注目する**ことだ。他と比べて極端に数字が大きかったり小さかったりする部分だ。あるいは極端に数字が変化したり、逆に他は動いているのに、一つだけまったく動いていない部分も要注意だ。

このときに注意したいのは、「**大まかに見る**」という視点を忘れないことだ。たとえば過去一〇年間の伸び率の推移を表したグラフで、全体として右肩上がりなのに、ある年だけ下がっていたとする。その部分に注目する方法もあるが、「全体としては右肩上がり」という視点は忘れないことだ。一年だけ違うからといって、「右肩上がりではない」という目で見るのは、読み間違えのもとだ。

もう一つ、表やグラフの〝主張〟が読み取れたら、つぎに、なぜそうなのかを考える。このとき基本的には、読み取った内容に対してイエスの立場に立つようにする。表やグラフが示しているのは、言わば客観的な事実だ。これにノーと言うのは、「調査方法がおかしい」と述べることになってしまう。もちろん、もっともらしく見える統計が実は非常に恣意的な調査に基づいていたりなど、統計にはさまざまな問題点がある。しかし、それはこの手の問題が求めている論点ではない。

なかには設問がより深い内容を求めてくることもある。たとえばグラフから「日本人の政治離れ」という現象が読み取れたとする。「読み取った内容について、どう考えるか論じよ」といった場合だ。このときは、命題に対してノーの立場で書くこともできる。たとえば命題を「本当に日本人は政治離れしているのか」とか「現代人が政治離れになるのは時代の必然か」として、結論をノーにしてもいい。

第4章 大人の〈読む力・書く力〉実践編

いよいよ実際の小論文の入試問題に挑戦していただこう。なお、2章で述べたように、東大はシステムが大幅に変わったため、今のところ傾向分析が難しい。そこでここでは、旧システム下の問題ではあるが、東大の基調をよく表している典型的な良問と思われるものを一つだけ挙げた。東大の過去問に興味のある人は赤本などでチャレンジしてみてほしい。

これまでも説明してきたとおり、決してやさしくはない。だが、じっくり考えれば、歯が立たないことはないはずだ。

自分で読解し、書いてみなければ、思考力の扉は開かない。まずは自力で挑戦してみよう（実際に書く時間がなくても、少なくとも「自分ならどう答えるか」を考えてみてほしい）。どうしても解答が書けないときは、それぞれの問題に設けてあるヒントを見てほしい。

ここには現代社会で必ず意見を問われるテーマが多く出てくる。ぜひ問題意識を発揮して取り組んでみてほしい。

1

慶應の小論文――日本の「いま」を知る

キーワード：大学と社会

●慶應経済学部の問題で自分の読解力と知識を判定しよう

二〇〇二年度　慶應大学経済学部入試問題

まず、小論文で〈知の基層〉を学ぶうえで、私が真っ先に解いてみることを勧めるのは、慶應経済学部の問題だ。

この学部の小論文入試問題は毎年、課題文の内容についての説明を求める設問と、意見を求めて短めの小論文を書かせる設問が付されている。課題文にはすこし複雑なところがあるので、じっくり読む必要はあるだろうが、決して難しい文章ではない。

しかも課題文が、現代社会の抱える典型的な問題を扱っている。しばしば新聞などで取り上げられている問題で、現代人である限りぜひとも考えておいてほしいことがらであることが多い。経済学部ではあるが、経済の知識は必要ない。現代社会についてしっかりと考えていれば、おのずと書ける問題だ。つまりまさしく〈知の基層〉を問うような問題である。そのうえ読解に関する設問もあるので、読み取りの練習にもなる。小論文の制限字数も多くない。小論文入門にはうってつけと言えるだろう。

次の［課題文］ならびに［図1］を踏まえ、以下の設問Ⅰ～Ⅲに答えなさい。

［課題文］

社会の変化とともに、今日、日本の大学は、そのあり方をあらためて問われている。一九九八年には大学審議会も新たに、大学に対して「高度の専門的知識・能力」の教育を求めながら、その一方で一年から四年の学部段階では「課題探求能力の育成」を重視すべきであるとの答申を出した。なかでも後者は、「主体的に変化に対応し、自ら将来の課題を探求し、その課題に対して幅広い視野から柔軟かつ総合的な判断を下すことのできる力」と位置づけられ、答申のなかで繰り返し強調されている。また、この「課題探求能力の育成」は、二〇〇〇年に中央教育審議会が、教育全般における「教養教育」充実の必要性を答申したこととも符合するものであった。

しかし、考えて見ると、A ここで述べられているような大学教育への二つの期待は、実は、どちらも近代の大学の歴史の中で、さまざまに試行されてきたものであった。一般に近代の大学の出発点としては、一八〇九年に設立されたベルリン大学があげられる場合が多い。それまでにドイツでは、啓蒙思想の影響の下で、総合的に真理を探求する場としての大学が構想されるようになっていた。ベルリン大学は、そのような構想が実現した総合大学であり、哲学を中心に専門的学問の有機的な統一をめざすものであった。

また、フランスでも十八世紀には、神学を中心に組織された中世以来の大学に対する批判が強くなっていた。その批判の声を受けフランス革命後に大学は、ドイツとは反対に、いくつかの単科大学に分解され、それぞれが法学、医学、理学などの専門分化した教育・研究を行う場となった。しかし、その後、ドイツの大学の成功に影響されて、十九世紀末には、これらの単科大学は再統合されて総合大学の組織を持つものとなった。一方、イギリスでは、専門を越えて学者と学生が寝食を共にする伝統的なカレッジ制が維持されていたが、その制度を守りながらも、新たな市民階級の勃興とともに大学教育の目的は十九世紀を通じて次第に変化した。それは、古典や歴史などの素養に裏打ちされた知性と見識をはぐくむ教育、すなわち望ましい市民にふさわしい高等教育への変化であった。また、イギリスの影響を強く受けていたアメリカの場合にも、大学は市民の育成を目的とする場として発展した。

しかしイギリスやアメリカの場合にも、十九世紀後半の経済の発展にともない、専門的な個別知識への需要が高まり、またドイツにおける近代科学の隆盛にも刺激されて、十九世紀の末には、新たな変化への動きが生じた。イギリスでは、それまでの大学の特質は一方で守りながらも、専門的な教育のための組織・制度が大学に導入され始めた。また、アメリカの場合には、例えば、農業・工業等の産業教育に重きを置いた州立大学が設立されていった。アメリカにおけるこの種の教育は、具体的な職業に直接に役立つことを目的としたものであり、その後のアメリカの大学教育の一つの特色となった。

B現在、日本の社会と経済が、急速に変化しつつある中で、大学の役割も変わっていくことが期待されている。しかも、現代の社会で大学の果たしている役割は必ずしも単純なものではない。そのような時にあたり、上に見たような近代の大学のさまざまな姿は、注意して振り返るべきものだろう。そこには、社会や経済の状況に応じた大学の変化が見られると同時に、英米独仏の場合だけを取り上げても、それぞれに個性があり、各々の場合で異なった理念に基づく自己主張があったことも見落とすべきではない。

以上のような点を考えれば、大学が目先の社会的要請に即応して変化していれば、それで良いというものでもない。むしろ大学は、社会の変化に対応しつつも、逆に社会に積極的に働きかけてそれを変える役目も持っているのではないだろうか。この意味からも、大学に関する者みずからが、大学の歴史を振り返りつつ新たな姿を議論すべき時と言えるだろう。

〔設問〕

Ⅰ 〔課題文〕の下線部Aに関連し、次の設問に答えなさい。
イギリスとアメリカにおいては、大学へのどのような期待が歴史上存在したか。課題文からそれらを二つにまとめ、それぞれがどのような社会的変化の中で重視されるようになったかを七〇字以内で述べなさい。

Ⅱ 〔課題文〕の下線部Bに関連し、次の設問に答えなさい。
「現在、日本の社会と経済が、急速に変化しつつある」とあるが、日本の社会や経済のどのような現実が、なぜ、大学における知の在り方に変化を求めているのか。具体的な事柄を三取りあげて一三〇字以上一五〇字以内で説明しなさい。ただし、この設問への解答に際しては、〔図1〕から読みとれる情報は利用しないものとする。

Ⅲ 〔課題文〕の下線部Cならびに〔図1〕に関連し、次の設問に答えなさい。
「図1」は一九五五年から二〇〇〇年までの日本における四年制大学入学者数と十八歳人口の推移を示したグラフである。このグラフから読みとれる情報とともに、大学をめぐるその他の状況を考慮した時、これからの大学はどのような理念に基づくべきであると考えるか。課題文を踏まえ、あなたの見解を四六〇字以上五〇〇字以内で論じなさい。

［図1］　四年制大学入学者数と18歳人口

ヒント1

大学のあり方について語る文章と、大学入学者の推移を示すグラフからなる。

しばらく前から、大学改革論が語られている。国立大学の法人化やロースクール（法科大学院）なども、そのような動きの中から出てきたものだ。「大学も社会の変化に伴って役割を変える」ということについて考えさせる問題だといっていいだろう。

課題文を簡単にまとめると、次のようになる。

今日、日本の大学では、高度の専門知識・能力つまり「専門性」と、専門にとらわれず、総合的に物事を捉える能力つまり「総合力」の育成という、二つの矛盾する能力の育成が求められている。だがこうしたことは、近代の大学の歴史で試みられたことだ。ベルリン大学では総合性が求められた。フランスでは初め専門性が求められたが、後にドイツの影響で総合性が重視されるようになった。イギリス・アメリカでは専門を超えた総合性が重視されていたが、社会の変化に伴って、専門知の重視へと変化した。大学も社会の変化に応じて変わるべきなので、日本でも大学の役割は変わっていく必要がある。そしてそのためには、大学関係者が議論をするべきだ。

この文章が何を問題にしているかを、しっかりと把握する必要がある。メインテーマを考えながら読むと、この課題文が大学の役割を、「高度の専門知識・能力＝専門性の育成」と、「総合的に物事を捉える課題探求能力＝総合力の育成」という二つの対立する理念で捉えていること、そして、近代のフランス、ドイツ、イギリス、アメリカで、そのような二つの理念がどのように変化してきたかを説明していることがわかる。

次に図1を見てみよう。ここから明らかになるのは、十八歳人口には変動があるのに、戦後の四年制大学入学者数が確実に増え、現在では三分の一を超えているということだ。ここから何が言えるのかを考える必要がある。

ヒント2

図1から読み取れるものが「大学の大衆化」であることを、まず確認しておこう。十八歳人口が減少しているのに、四年制大学の入学者数はなだらかに増えている。ということは、大学が一部の人のものでなくなっていると言える。現に十八歳人口の一五〇万人のうち、六〇万人ほどが大学に入学していることがわかる。つまり、十八歳の人の半数近くが四年制大学に行っているわけだ。ここから、大学がエリートのためのものではなくなっているという事実が読み取れる。

これをふまえたうえで、設問を見ていこう。

設問Ⅰでは、イギリスとアメリカの大学の役割の歴史的な変化について説明することが求められている。したがって、「専門を超えた能力重視」から「専門知重視」への変化を課題文に即して説明すればよい。

設問Ⅱでは、日本社会のどのような現実が、大学における知のあり方に変化を求めているのかが問われている。つまり、今何が起こっているために、大学の役割が変わりつつあるのかを考えればよいわけだ。その際、図1から読み取れる情報、すなわち「大学の大衆化」以外の要因を使うことが求められている。

そこで、「高度情報化している」「世界がグローバル化している」「価値観の崩壊が起こっている」「専門化が進みすぎて弊害が出ている」などといった状況を考えて、そのために大学にどのようなものが求められるようになっているかを考えるといい。

「専門化が求められている」という立場からは、以下のような変化を示せばよい。

- ●高度情報化しているために、より深い知識や探求が必要とされるようになっている。
- ●世界がグローバル化し、経済競争が激化しているため、高度化・専門化が求められている。

あるいは逆に、「総合化が求められている」という立場からは、以下のような指摘が可能だ。

- ●現代社会では価値観が崩壊しているため、知の総合化が必要だ。
- ●専門化が進みすぎて人々が他の領域への関心を失い、環境破壊などの問題を引き起こしている。
- ●高度情報社会・グローバル社会においては、従来の専門領域ごとの活動では対応できないので、総合的にもう一度すべてを考え直すことが必要だ。

設問Ⅲは、図から読み取れること、すなわち「大学の大衆化」という状況をふまえて、これからの大学はどのような理念に基づくべきかを考えることが求められている。もちろん「大衆化された大学」において、専門知を求めるべきか、それとも総合知を求めるべきかを論じればよい。

ここにも**モダン・ポストモダン**の問題が絡んでいることがおわかりいただけるだろうか。もちろん、ここに示されているのは、それほど単純な二項対立ではない。しかし、ここで問題にされているのは、近代において発展してきた大学を、大衆化・情報化したポストモダンの時代にどのように変革すべきかということなのだ。

少し整理してみよう。世界最初の大学は十一世紀に創立されたボローニャ大学とされている。その後、十二世紀になって、ヨーロッパの各地に大学が設立され、オックスフォード大学（一一三三）、ケンブリッジ大学（一二〇九）、ソルボンヌ大学（一二五七）などが設立されていく。大学は日常から離れて大局的に世界を見つめ、普遍的な真理を発見し、専門的な学問を行う機関だった。とりわけヨーロッパにあっては、神学を究めるという役割が強かった。こうして、大学は専門的な知識・技能を持ったエリートを養成していった。

日本で本格的な大学が設立されたのは、明治二年の東京帝国大学（現・東大）が最初で、西洋の制度や学問を学ぶための機関として、官民のエリートを養成していく。その後、国立、私立の大学が次々と作られるが、戦前は基本的には近代国家建設に役立つ社会のエリートを養成するための機関だった。ところが戦後、民主化とともに大学も大衆化していく。戦後日本はとりわけ階級格差の少ない平等性の高い社会になったため、多くの人間が大学卒の肩書きを得て、社会の上層に上ろうとした。こうして、現在では半数近い人が、短大か四年制大学に入学するようになっている（二〇〇八年の段階では大学進学率は五割に達している）。

そうした状況のもと、大学の役割も変化してきた。かつてのような「エリート養成のための大学」では、もはや成り立たなくなってきた。しかも、大学のレジャーランド化、大学生の学力低下が問題になってもいる。要するに、学問を身につけたいわけでもない若者が、社会に出るための肩書きを得るために大学に行くようになったわけだ。こうして、大学は中堅のサラリーマンを養成する機関のような様相を呈してきた。

同時に、これまで教授たちは手厚い保護の中で生活してきたが、海外の大学と競争する社会になって、優れた専門能力が問われるようになってきた。そのため近年、教授の研究能力や指導能力を向上させるべきだという議論がなされるようになって、学生による大学教員の採点、大学教員の任期制などが持ち上がっている。

こうしたなかで「大学改革」が叫ばれるようになったわけだ。「大学改革」には、大きく分けて三つの方向があると言っていいだろう。

①情報社会になって、学問がいっそう高度化してきたので、それに対応できるように、特定の大学・大学院でより高度な専門的教育を行えるように教授陣のレベルアップを図り、設備や制度を整える。

②時代の変化に伴って、従来の専門分野では対応できない問題が増えているので、学際化をはかり、学部間、大学間の関係をより開かれたものにするなど、新しい知への対応を図る。

③大学の大衆化のなか、国民全体がより高い教養を得られるように大学を活用する。

この課題文は、このような状況をふまえたうえで、従来のエリート養成機関としての大学が、現代のポストモダン社会においてどう変わるべきなのかという点を問題にしているわけだ。この視点から、設問をもう一度考えてみよう。

設問Ⅲでは、「専門知を求めるべきだ」という立場からは以下のような論が可能だ。

●現在では多くの問題が複雑化しているので、いくつもの分野を個人が理解することは難しい。ひとつの専門知を極めた研究者を養成することで、多様な問題に対応できる。大学は専門知を重視することで、技術・文化の発展に寄与すべきだ。

●大衆化された大学においては、卒業後の職業に直結した専門的な知を重視すべきだ。そうしてこそ、国際競争に対応できる人間が育成される。

「総合化を求めるべきだ」という立場からは、以下のようになる。

●広い視野から、これからの社会のあり方、学問のあり方を検討する必要がある。そうでないと、一つの研究が社会に及ぼす影響を顧みずに学問のみが先行し、社会的に害のあるものを開発したりすることになる。そうならないように、大学は専門知にこだわらずに、人間や社会を見つめる統合的な力をつける場であるべきだ。

●大衆化された大学においては、専門家を養成しようとしても無理だ。総合的な判断のできる教養ある人間を養成するべきだ。大学を、教養を高める場として位置づけるべきだ。

解答例

[設問Ⅰ]

十八世紀末からは、望ましい市民にふさわしい高等教育の場として期待され、十九世紀末の経済発展のころからは、専門知が重視されるようになった。

[設問Ⅱ]

高度情報化や世界のグローバル化によって、経済競争が激化している。そのため、従来のレベルの知識では競争に勝てなくなっている。もっと専門的な知識を得て、新しい技術を開発する必要がある。そのためには、これまでのように企業に入ってから学生を訓練するのでは遅い。高度な学識を備えた学生を大学が養成する必要がある。

[設問Ⅲ]

グラフから明らかになるのは、十八歳人口には変動があるのに、戦後の四年制大学入学者数が確実に増え、現在では半数近くに及んでいるということだ。つまり、大学が大衆化しているのである。では、このように大衆化された大学において、これからは専門知を求めるべきなのだろうか、それとも総合知を求めるべきなのだろうか。

確かに、現在では多くの問題が複雑化しているので、一つの専門分野を研究するだけで膨大な時間がかかる。専門知を進めることで、そうした問題に対応できる。経済競争に勝つにはそのような努力も必要である。しかし大衆化された大学には、それよりももっと大事な役割がある。

現在では価値観があいまいになっており、しかもそれぞれの専門領域で開発された技術が社会に悪影響を与える事態も生じている。したがって、そのようなことのないように、大学においては、これからの社会のあり方、学問のあり方を広い視野から検討する必要がある。そのためには、大学は専門にこだわらずに人間や社会を見つめる総合知を養成する場であるべきだと私は考える。

キーワード：知識人

●慶應法学部の問題で現代社会への視座を深めよう

二〇〇八年度　慶應大学法学部入試問題

慶應経済学部で腕試しをした後に、ぜひとも取り組んでほしいのは、慶應大学法学部の入試問題だ。法学部では、経済学部よりももう少しひねった課題文が出題される。経済学部では新聞などでよく取り上げられる問題が出題されるが、法学部では、そのような問題は出題されない。が、現代社会の根底に流れる考え方、つまり〈知の基層〉について考えることが求められる。

法学部の問題ではあるが、法律や政治の知識も特に必要ではない。現代社会についてふだんから考えていれば、十分に書くことのできる問題だ。

経済学部の問題とともに、ぜひともすべての人に挑戦してほしい。

〔問題〕　以下の文章は、ある本の序章の一部である（文末参照）。この文章を読み、明治末期以降の「知識人」[1]と一般の人々との関わりについて四〇〇字程度で要約しなさい。次にこの点について、現代日本社会に生きるあなた自身の視点から自由に論じなさい。

本書は、「知識」・「思想」の「生産、流通、消費」のうちでも、主として、「生産・流通」に直接関わった人々を念頭におくが、単に消費にのみ関わる、より広範な人々の存在も無視できない。そのような人々に関しては、「知識階級」、「知識人」の類縁語である「インテリ」という言葉を当てるのが適当かもしれない。しかしながら、「インテリ」にしても、「知識階級」、「知識人」の有した関心を共有する点で「インテリ」たり得たのであり、その意味で、広義の「知識階級」、「知識人」に含めて考えてよいかと思われる。

なお、「知識」・「思想」については、言葉で明示的に語られた観念ないし、それを体系的に展開したものという具合になるたけ広く解したうえで、さらに、付け加えるとすれば、それが、旧制高等学校・大学のような高等教育機関に所属することで、あるいは、それを契機として習得され、それを基礎として発展させたものといった条件を考えておけばよいであろう。「知識」と「思想」の相違については、厳密に区別することは困難であるが、前者が主として価値中立的・技術的態度によってなされる知的活動の所産、後者を人生や社会に対して規範的な見地から、そのしかるべきあり方や方向を示すものといった程度に理解しておこう。それ以上に、「知識」・「思想」の中身にわたって厳密に定義していくと、「知識」・「思想」の内部の、さらにどのような領域に関わる人々を「知識人」、「知識階級」と呼ぶのかという問題がいたずらに錯綜《さくそう》すると思われるからである。

さて、このような大雑把な定義で始めるとしても、このことで、問題が単純になるわけではない。というのも、「知識階級」、「知識人」が「知識」・「思想」を生産し流通させる存在であるとしても、そうした「知識」や「思想」といったものが、そもそも、なにゆえに、そして、どのような意義を持つのか、そして、そのようなものに関わることが、誰《だれ》のどのような関心や利益に寄与するのかということが、様々な論点に関わらせて常に問題とされ、様々な「知識人論」と呼ばれる言説を生み出してきたからである。そして、実を言えば、「知識階級」とか「知識人」という言葉そのものが、まさしく、そのような問題意識を担いながら登場してきた言葉だったのである。

「知識・思想の生産流通に関わる人」は、(中略)明治期にも、江戸期にも存在した。にもかかわらず、「知識階級」や「知識人」という言葉が存在しなかった当時においては、そのような「知識」・「思想」の価値、さらに、それに関わる者の社会的存在意義が、いくつかの例は別としても、一般に後に見るほど切実に意識され議

注1　知識人(intellectuel［仏］intellectual［英］intelligentsia［露］)　この呼称自体はもともと、一八九四年フランスで起きた「ドレフュス事件」を契機に生まれたものである。ドレフュス事件とは、当時仏陸軍大尉であったユダヤ人のアルフレッド・ドレフュスがドイツのスパイとして断罪された冤罪事件。これに対してエミール・ゾラ、アナトール・フランスをはじめ多くの作家・ジャーナリスト・文化人が激しい抗議運動を展開する。やがて事は単なる個人の冤罪問題・ユダヤ人問題・フランス一国の問題を超えて「自由と人権」をめぐる大論争と化し、ヨーロッパ全域に波及していった。この事件でドレフュスを擁護して抗議運動を繰り広げる有象無象の文化人に対し、ジャーナリストのM・バレスが付けたのが「知識人」という呼称である。本来「無名の、群れる連中」という蔑称で、サルトルに代表されるような「総合的知識人」と対比される概念だった。

論されることはなかった。「知識」・「思想」が有意義なものであるということは、自明の前提であった。しかるに、明治末から大正期を経て、「知識階級」、「知識人」という言葉が成立していくことと平行して、「知識」・「思想」の意義が様々な観点から次第に問題とされるようになり、それと平行して「知識階級」、「知識人」の存在意義ということが、鋭く意識されるようになっていったのである。

それは、ひとつには、明治末期以降、「知識」・「思想」というものが、通常の人々が日々営んでいる現実の生活から何がしか距離を置いたもの、すなわち、それを「超越」するもの、あるいは、そこから「遊離」したものであるというイメージが広がっていったためである。「知識人」が担う「知識」・「思想」に対するこのようなイメージは、この時期以降、今日に至るまで、多くの「知識人」の念頭を占めてきたもので、たとえば（中略）吉本隆明[2]は、この点に関して、次のように述べている。すなわち、「知識人」とは、「生活次元のくりかえしにまつわる思考しかしないところからとびだしていって、大なり小なり抽象的なことをかんがえることができ、また大なり小なりじぶんと直接にかかわりない、つまり眼にみえてかかわりのない問題についてもものごとをかんがえ、発展させていくことができる者」であるのに対して、「大衆」とは、「自己の生活のくりかえしの範囲でしかじぶんのかんがえを動かさない」存在であると（「国家・家・大衆・知識人」、昭和四十一年）。

このような「知識」・「思想」と現実生活との距離をどう評価するかで、「知識人」に対しても、次のような相異なる二つの立場が生まれることになった。すなわち、一方では、「知識」・「思想」というものを、日々の生活の素朴な体験を越え出た新しい豊かな世界を開いてみせるものであると捉《とら》えて、そこから、「知識人」は、「知識人ではないもの」、すなわち、吉本の言う「庶民」とか「大衆」といったものに「知識」・「思想」を伝達するような啓蒙《けいもう》的な役割を果たすべき有意義な存在だという立場が生まれ、他方では、「知識人」の有する「知識」・

「思想」は、「知識人でないもの」の日常に関わらないがゆえに、本来、その意義が希薄で曖昧なものであるという立場が生まれてくるのである。

しかも、こうした二つの立場は、それぞれ別の人々によって代表されているというよりも、むしろ、多くの「知識人」の心中において、いわば裏表の関係になって並存しており、彼らの心理に微妙な翳《かげ》りを与えていたのである。すなわち、「知識人」が、日常性を越えた「知識」・「思想」を有するということが、一方では、彼ら自身の優越感や彼らへの社会的自尊敬の念の根拠となりながら、他方で、彼らの「知識」・「思想」の現実生活からの「遊離」が、そうした「知識」・「思想」の有効性への懐疑を呼び起こし、「知識人」への批判や「知識人」自身のコンプレックスを形作ることになったのである。上に引いた吉本が、続けて、「知識人」を「余計なことをかんがえることができる能力」の持ち主と呼んでいることも、この間の事情を物語っていよう。すなわち、「知識人」への評価をめぐる相矛盾する立場にどのような折り合いをつけるのか、すなわち、「知識」・「思想」のしかるべき望ましいあり方というものはどういうものか、「知識人」と「大衆」との関係とはどうあるべきかという関心こそが、先に述べた多くの「知識人論」の共通のテーマとなっていたのである。

それでは、何故、明治末期以降になって「知識」・「思想」というものの意義が切実に意識されるようになったのであろうか。まず、考慮しなければならないのは、近代日本の社会において、「知識」・「思想」と呼ばれ

注2　吉本隆明（よしもと・たかあき）一九二四生。思想家・詩人・文芸批評家。戦後日本を代表する知識人。『共同幻想論』（河出書房新社、一九六八／角川文庫ソフィア、一九八二）をはじめ著作は数え切れない。入り口として、吉本の言葉に触れ、近年の評価も含めてその思想を概説的に知りたい人には『吉本隆明　肯定の思想』（『現代思想』増刊号、青土社、二〇〇八・八）がおすすめ。

るものの多くが、明治以来、西欧伝来のものであり、それゆえ、もともと、日本社会の一般的な生活条件やそれにまつわる多くの人々の意識から、どこか「遊離」する面があったということである。この点に関して、柳田國男[3]は次のように述べている。「私は学校に居る時分、外国の本で経済学を教へられた人間だが、今日に至る迄《まで》も実は本と自分の生活とが、はだ〳〵になつて繋《つな》ぎ合されぬのに困つて居る。さういふ風の教育が、若《も》しや今でもこの事件の多い農村の生活を支配して居るのでは無いか」と（『青年と学問』、昭和三年）。すなわち、西欧伝来の知識と一般日本人の生活とが、どこか「はだ〳〵」なところ、すなわち、そぐわない面があったと述べているのである。柳田がこの文章を記したのは昭和初期であり、この時期において、柳田は既に、ここに述べられたような認識に立って、民俗学の探求――一般の日本人、とりわけ当時の多数の人々を占めていた農山村の人々の生活を事実として支えている習慣や生活の知恵といったものの探求に乗り出していたが、興味深いのは、柳田がこのような試みに本格的に着手するのが、「知識階級」という言葉の誕生を準備しつつあった明治末から大正期にかけてであるということであり、いま引いた文章を記した時期においては、柳田自身が、まさしく、「インテリ」と「平民」とを区別して、前者が有する「知識」というものの意義に懐疑を投げかけ、自らの試みを「平民の過去」の探求と捉えていたのが、まことに示唆的である（『郷土生活の研究法』、昭和十年）。

　とはいえ、文明開化から、おおむね日露戦争が終了するまで、何よりも西欧的な社会を建設することを重要な課題としていた時期の日本にとっては、こうした西欧伝来の知識は、近代社会にふさわしい政府の仕組みを作り上げたり、銀行や会社、学校といった諸々《もろもろ》の制度や組織を建設したり、さらには、そこで営まれる業務の基盤を整えるに際して、文字通り直ちに役立つものとして存在していた。すなわち、日本の社会の西欧化、そして、そのことによる日本の国際社会における地位の安定ということが、最重要の課題とされている限り、西欧伝来の知識は、少なくとも天下国家のレベルで有用なものであることは明らかであり、また、そうした知識を所有している人々も、自己の社会的な存在意義について疑問を抱くことはなかったのである。

【出典】『坂本多加雄選集Ⅰ[4]　近代日本精神史』（藤原書店、二〇〇五年）

注3　柳田國男（やなぎた・くにお）　一八七五 - 一九六二。民俗学者。日本の民俗学研究発展への寄与は計り知れない。文献中心主義を批判し、フィールドワークによる民俗資料収集の重要性を説いた。その知的探究は常に「日本人とは何者か」という問題意識に貫かれていた。東北地方の伝承を編纂した『遠野物語』（一九一〇／新版　角川文庫ソフィア、二〇〇四）が出発点であり代表作の一つでもある。

注4　坂本多加雄（さかもと・たかお）　一九五〇 - 二〇〇二。政治学者。元学習院大学法学部教授。専門は政治学・日本政治思想史。『市場・道徳・秩序』（創文社、一九九一／ちくま学芸文庫、二〇〇七）など。

ヒント1

とりたてて難しい文章ではない。「知識人」が歴史的にどのように扱われてきたかについて語った文章だ。全体を整理して簡単にまとめると、こうなる。

明治の前半には、知識人の持つ知識や思想が国家建設に有用だった。だが、明治末期から、知識や思想というものが実生活とかけ離れていったため、知識人の存在が疑問視されるようになった。その結果、①知識人は「日々の生活の素朴な体験を超えた新しい豊かな世界を開くという啓蒙的な役割を果たせる」という意見、②逆に、「知識人は実生活から離れているのでその存在には意味がない」という二つの立場が並存するようになった。

つまり、明治の末から、知識人の知識を「日常生活から離れているからこそ、意味がある」とみなす考え方と、「日常生活から離れているので、無意味だ」とみなす考えの二つが現れたことを説明しているわけだ。

ヒント2

課題文を読んで、「明治末期以降の知識人と一般の人々との関わりについて四〇〇字程度で要約し」、「次にこの点について、現代日本社会に生きるあなた自身の視点から自由に論じ」ることが求められている。

まず要約だが、課題文自体が「明治末期以降の知識人と一般の人々との関わりについて」書かれているのだから、文章全体を要約するつもりでやればよい。要するに、「明治末期から、知識や思想は実生活とかけ離れ、二つの立場が並存するようになった」という点を説明すればよい。

次に、この点について「現代日本社会に生きるあなた自身の視点から」論じることが求められている。「現代社会に生きるあなた自身の視点」とは、要するに、明治末以降に起こったことが、現代社会ではどのようになっているか、つまり、知識人は「現代社会において啓蒙的な役割を果たしうる」のか、それとも「日常からかけ離れた役に立たない存在である」のか、自分の意見を考えればよい。

ヒント3 知識人の役割

ここにも**モダンとポストモダン**の〈知の基層〉が見え隠れしているのが、おわかりいただけるだろうか。

西洋の知を重視し、理性によって世界を動かしていくというのが「近代＝モダン」の基本的な考え方だ。明治以降、日本は西洋近代の考え方を採り入れて近代化した。だが、日本では多くの人々が、西洋近代の価値観を心の奥では受け入れることができず、その体現者である知識人は「生活からかけ離れた知識や思想の持ち主」として、大きな役割を果たすことができなかった。出題は、この問題が現在ではどうなっているのかを考えさせようとするものである。

「現代では、知識人の役割は大きい」という立場をとるなら、次のような根拠が考えられる。

●現代は先が見えない時代であって、西洋という指針もなく、価値観が揺れ動いている。そのような時代には、日常生活に埋没している一般人は自分の仕事に関わることしか理解できず、全体を見渡せない。全体を見渡すことのできる知識人の知識や思想が必要だ。

●一般人は利害に追われてあくせくしている。現在のような混迷の時代においては、利害を離れて考えることが必要だ。目先の利害ではなく、正義や理念を考えることができる知識人がこれからは大きな役割を担うだろう。

●一般人は現在を絶対視する傾向があるので、現在の価値観を否定したり乗り越えることができない。現在の価値観を相対化できる知識人のみが将来を見渡すことができる。

それに対して、「知識人の役割は、今後はこれまで以上に小さくなる」という立場からは、次のような根拠を立てることが可能だ。

●今、世界は複雑化し、日に日に変化している。そのような時代には、現場でものごとに直接対応している人こそが、状況を把握できる。たとえば経済学などの分野においては、過去の知識や思想では対応できない。日々株を動かし、大きな利害を背負って生きている人のほうが世界の現実を理解できる。知識人にはこうした視野を持つことは難しい。

●一般人は仕事や日常生活で利害を求めて労働や活動を行い、そうすることによって世界を変革していくことができる。そのような一般人こそが、日々新しい価値観を作り出している。労働から離れた知識人には、そのようなことはできない。

解答例

課題文を要約すると以下の通りである。「明治の前半においては、知識や思想が国家の建設に有用であるがゆえに、知識階級は重視された。ところが明治の末から、知識階級の知識や思想は実生活とかけ離れていったので、知識人の存在が疑問視されるようになった。その結果、知識・思想と現実生活の関係をどう評価するかによって二つの立場が生まれた。一つは、知識人の知識や思想は、日々の生活の素朴な体験を超えた新しい豊かな世界を開いて見せる啓蒙的な役割を果たせるという意見である。もう一つは、まったく逆に、知識人の持つ知識や思想は実生活から離れているがゆえに、知識階級の存在意義は曖昧で希薄だという立場である。この二つの立場は多くの知識人の心の中で並存し、知識人批判や知識人自身のコンプレックスを作り出している。」

では、現代において知識人の存在に意味はあるのだろうか。

確かに、現代は資本主義を中心に動いており、しかも時代の変化が急速であるため、実務についているビジネスマンのほうが知識人よりも国際状況などをより理解している場合がある。知識人は学術的に現実を把握しようとするため、厳密さや客観性を求めるあまり、時代に即応できず、時代に必要とされている知識を大衆に提供できない面がある。そのような傾向はたとえば特に経済学の領域で顕著である。だが、そのような時代であるからこそ、知識人の役割はいっそう大きくなると考えられる。

知識人は、実生活上の利害ではなく、将来を見据えたより広い視野から物事を判断することができる。知識や思想の蓄積によって、価値観が偏らず、より大きな見地から判断できるからである。ビジネスマンの場合、自社や自分の利益を中心に考え、ほかの領域については視野が及ばない傾向が強い。また、現在の体制を根底から覆すような思考をすることができない。その点知識人は、さまざまな利害関係の対立をも考慮した上で、総合的に世界を分析できるのである。つまり、一般人はその時点で有力とみなされる方向に一斉に流れやすいが、知識人はその危うさを察知し、別の価値観を指し示して、人々に深く考えることを促す役割を担うことができる。

以上の理由により、私は現在でも、いや、現在であるからこそ、知識人には一般人を啓蒙するという役割があると考える。

キーワード：企業と個人

●慶應ＳＦＣの問題で　これからの社会のあり方を考えよう

二〇〇二年度　慶應大学環境情報学部入試問題

情報系の勉強をするためには、慶應のいわゆるＳＦＣ（湘南藤沢キャンパス）、つまり環境情報学部と総合政策学部がある。この二つは、双子の学部と言ってよいだろう。ともに、グローバル化した情報社会において、人間や社会はどうなってゆくのかを研究する学部だ。ただ、総合政策学部は政治や経済政策によって社会をどのように作るべきかを研究するのに対して、環境情報学部は情報科学や人間精神を研究対象とする、という違いがあるに過ぎない。小論文の出題傾向も似ている。

この二つの学部の小論文問題は、これからの社会の動向について考えるのにうってつけのものが多い。資料の量が膨大なのでギョッとする面があるが、しっかり考えれば、それほど難しくはないはずだ。

［問題１］

資料１、２で記述されたアメリカのフリーエージェントは日本社会においても同じように広まると考えるか。広まるか、広まらないのか、諸君の意見を600字以内で述べなさい。

［問題２］

資料３は日本における自営業に関する記述とそれに関するデータです。又資料４には日本人の働く意識、独立・起業志向性、サービス業におけるパートタイム労働者比率、日本企業の開業・廃業比率などの様々なデータがまとめられています。資料３および、資料４にある資料４－１から4-10のデータを活用し、問題１でまとめた諸君の考えを800字以内で論証しなさい。その際、資料３にある図１から図３、及び資料４－１から4-10の各データ合計13の中から、少なくとも８つのデータを活用すること。

資料１：ダニエル・ピンク著（池村千秋訳）「フリーエージェント社会の到来」pp. 6 -18

（１）フリーエージェントの登場

この10年の間に、アメリカのほぼすべての産業と地域で根本的な変化が起きた。それは、100年前にアメリカ人が農場を離れて工場で働きはじめて以来の重要な変化と言ってもいいかもしれない。大勢のアメリカ人が――そして次第に他の国の人々も――産業革命の最も大きな遺産のひとつである「雇用」という労働形態を捨て、新しい働き方を生み出しはじめている。自宅を拠点に小さなビジネスを立ち上げたり、臨時社員やフリーランスとして働く人が増えているのだ。

従来のように会社勤めをしている人の間でも、フリーエージェントの発想に近い働き方をする人が多くなった。在宅勤務をしている人もいるし、会社を転々と移る人もいる。会社の中でベンチャーを立ち上げ、その成否を自分の肩に背負っている人たちもいる。安定したサラリーではなく、能力給で働く――あるいはそうすることを余儀なくされている――人も増えてきた。

政治や主流派メディアのレーダーに映らない場所で、数千万人ものアメリカ人がフリーエージェントとして働いている。嫌な上司や非効率な職場、期待はずれの給料に嫌気がさして会社を辞めた人もいる。あるいは、レイオフや企業の合併、勤め先の倒産により、会社を離れざるを得なくなった人もいる。いずれにせよ、彼らの行き着いた場所は同じだった。そして、さらに大勢の人たちがその後に続こうとしている。いまや、自分のキャリアやビジネスを理解し、社会と経済の未来を知るうえで、この新しい働き方について理解することは不可欠だ。シリコンバレーの最新テクノロジーやダウ工業株平均の値動きをフォローするのは確かに面白いかもしれない。しかし、経済の未来を本当に理解するためには、フリーエージェントについて知らなくてはならない。フリーエージェントとはどういう人たちで、なにをしていて、どういうふうに働き、なぜこの生き方を選択したのかを理解する必要があるのだ。

（2）組織人間という前時代の遺物

これまで何十年もの間、アメリカ経済を象徴していたのは、フリーエージェントとはまったく異なるタイプの人種だった。フォーチュン誌の編集者だったウィリアム・H・ホワイトは、いまや古典となっている著書『組織のなかの人間―オーガニゼーション・マン』（1956年）をこう書き起こしている。「この本のテーマは、オーガニゼーション・マン（組織人間）である。この言葉が曖昧に感じられたとしても、私はこれ以外に、この本で取り上げようとしている人たちを表現する言葉を思いつかない」「オーガニゼーション・マンはアメリカ社会の主流派である…アメリカの国民性を形成しているのはこの人たちなのである」と、ホワイトは書いている。この本は予想外の大ヒットになり、7ヶ月間にわたってベストセラーの上位を占め、数十年たったいまも企業研修や大学の参考書に使われ続けている。

オーガニゼーション・マンは、野蛮な個人主義に陥ることなく、高望みせずに、「悪くない給料とまずまずの年金、そして自分と限りなくよく似た人たちの住む快適な地域社会にそこそこの家を与えてくれる仕事に就こうとする」と、ホワイトは書いた。ホワイトによれば、オーガニゼーション・マンは、組織を信仰の中心に置く世俗版の宗教の倫理をしっかり守っていた。その教義では、個人は組織に忠実であることを求められた。それと引き換えに、組織も個人に忠実であってくれた。個性よりも仲間意識、個人の自己表現より集団の調和が重んじられた。個人は組織に忠誠を誓い、その要求に従った。そうすることが経済的な安定を得るために賢明だったというだけではない。それこそが正しく立派な生き方だと考えられていた。「近頃では、生計を立てていくにはみんなと同じことをしなくてはならないと若者が言う場合、やむなく受け入れなくてはならない現実というだけでなく、それ自体を好ましいことと考えているのだ」と、ホワイトは書いている。

オーガニゼーション・マンは独立への誘惑に負けず、社会で正しいとされる行動規範に従ってさえいれば、満足のいく暮らしをすることができるとされていた。

「前途有望なのは…個人主義者ではなく、集団の中で集団のために働ける人間であると考えられた」と、ホワイトは書いている。

ホワイトが『組織のなかの人間』を著して以来、20世紀の終わりまで、オーガニゼーション・マンはアメリカ経済を理解するためのキーワードだった。オーガニゼーション・マンとその価値観や信条、労働形態、社会における地位を理解すれば、アメリカの労働についてすべてがわかると言っても過言でなかった。しかもホワイトによれば、オーガニゼーション・マンの価値観は会社の中だけにとどまらず、大学や研究機関、郊外住宅地にも浸透した。次第に、この発想は、アメリカ人の生活の土台をなす考え方に発展していった。戦後数十年の間、オーガニゼーション・マンを理解することは、アメリカそのものを理解することにほかならなかった。そこからは、アメリカ人がどういう制約の下で生活し、将来にどういう夢を抱いているのかが見えてきた。

（3）フリーエージェントモデルとは

このオーガニゼーション・マンに代わってフリーエージェントが登場してきた。この言葉が曖昧に感じられたとしても、私はこれ以外に、この本で取り上げようとしている人たちを表現する言葉を思いつかない。大組織に縛られることなく、自分の未来を自らの手で切り開くフリーエージェントたちは、アメリカの労働者の新しいモデルになりはじめている。自由気ままな独立した労働者が経済の新しいシンボルになりつつある。テクノロジーに精通し、自ら針路を定める独立独歩のミニ起業家たちが登場したのだ。

数字を見てみよう。実は、いまフォーチュン上位500社の企業に勤めるアメリカ人は、10人に１人もいない。アメリカ最大の民間の雇用主は、デトロイトのゼネラル・モーターズ（GM）でもなければ、フォードでもない。マイクロソフトでも、アマゾン・ドット・コムでもない。全米に1100を超す支部をもつ人材派遣会社のマンパワー社だ。いまのアメリカの若者の夢は、組織の中で出世することではない。若い世代は、そもそも会社に就職することすら望まない場合もある。それよりも、主にインターネット上で自分の好きなやり方で仕事をやってみたいと考えている。

●「ハリウッドの世界」へ移行する

オーガニゼーション・マンからフリーエージェントへの移行は、経済と社会に起きているもうひとつの根本的な変化の原因でもあり、結果でもある。いま、力の所在は、組織から個人に移りはじめている。組織ではなく個人が経済の基本単位になった。ひと言で言えば、社会は「ハリウッドの世界」に変わりはじめたのだ。

20世紀前半、アメリカの映画産業は、ジャック・ワーナーやルイス・B・メーヤーのような大物の率いる大手映画会社に支配されていた。大手映画会社は、映画製作のためのテクノロジー、映画配給のルート、必要な人材のほぼすべてを支配下に収めていた。俳優や監督、脚本家、技術者は基本的に、映画会社の従業員、つまり華麗なる宮仕えの身だったのだ。しかし1950年代になると、テレビが台頭したことや、連邦最高裁判所が反トラスト法違反を理由に映画会社に映画館を手放すよう求めたことにより、スタジオを中心とするシステムは崩れ、権力の移行が起きた。個人の力が強まり、それにともなって業界のあり方も変わった。

いまの映画産業は、かつてとはまるで違う仕組みで動いている。特定のプロジェクトごとに、俳優や監督、脚本家、アニメーター、大道具係などの人材や小さな会社が集まる。プロジェクトが完了すると、チームは解散する。その都度、メンバーは新しい技能を身につけ、新しいコネを手に入れ、既存の人脈を強化し、業界での自らの評価を高め、履歴書に書き込む項目をひとつ増やすのだ。新しいプロジェクトがあれば、またあちこちから人材が集まってくる。同じ人が一緒になる場合もあるだろう。しかしプロジェクトが終われば、フリーエージェントたちは再び別々の方向に別れていく。その繰り返しだ。特定の目的のために特定の場所に人材が集結して、使命が終わると解散し、メンバーはそれぞれ次のプロジェクトに向かっていく。

●フリーエージェントモデル

このハリウッド・モデルが、要するにフリーエージェント・モデルなのである。大勢の個人を常に戦力として抱える固定的な大組織は、戦力が常に入れ替わる小規模で柔軟なネットワークに取って代わられようとしている。新しいウェブサイト、新しい家電製品、新しい雑誌、新しいビル、新しい広告キャンペーン、新しい薬品…新製品や新サービスの成否がプロジェクトに携わる人間の知力、創造性、技能、熱意にかかっている場合、いまやハリウッド・モデルは常識になりつつある。

新しいソフトウエアを開発するにあたって、ソフトウエア会社はフリーエージェントのプログラマー軍団を呼び集める。こうして集結したスタッフは、少数の正社員と一緒にチームを構成して、厳しいスケジュールとプレッシャーの下で働く。開発した商品が市場に出ると、フリーエージェントたちは懐が豊かになり、履歴書の職歴欄にまたひとつ新たなキャリアを加えて、それぞれ旅立っていく。ニューヨーク室内交響楽団やブルックリン・フィルハーモニック、アメリカン・シンフォニー・オーケストラなど、フルタイムの団員をもたないオーケストラは、公演のたびにフリーエージェントの音楽家を集めている。

組織から個人への力の移行という大きな潮流のなかで、個人の選択の幅が一気に広がり、個人の生活も大きく変わった。オーガニゼーション・マンの時代には、仕事とはいわば「共通サイズ」の既製服だった。身につける服は、肉体労働者のブルーカラーか、事務労働者のホワイトカラーのどちらかだった。全員がほとんど同じ時間に出勤し、夕方はまた一斉に退社する。この時代の労働者のイメージと言えば、二つにひとつだった。ひとつは、ホイッスルが鳴ると同時に工場の門からぞろぞろ出てくる制服姿の工場労働者の集団。もうひとつは、朝７時31分きっかりに行列をつくって通勤列車に乗り込む灰色のスーツ姿の中間管理職の群だ。仕事が画一的だと、働く人も画一的にならざるを得ない。しかし今日では、テクノロジーの進歩、経済の繁栄、「ハリウッド方式」の普及など様々な要因により、仕事という洋服の「サイズ」はひとつではなくなった。大量生産から手づくりへ、既製品からオーダーメードへの変化が起きている。

アメリカ人10人のうち７人以上が会社などに勤めるより自分で商売を営みたいと考えているのも、同じ理由のようだ。すでにフリーエージェントを実践している人にとっても、まだ夢見ているだけの人にとっても、これは単なる働き方の問題にとどまらない。ライフスタイルの問題なのである。多くの場合、フリーエージェントのほうが素晴らしいライフスタイルに見えるのだ。こうした発想は、本書でこれから紹介していく何百人もの人のインタビューやエピソード、学術的な研究や世論調査にもはっきり現れている。

（４）フリーエージェントへの抵抗

とはいえ、中には、こうした発想を持つ人が居ることに驚きを覚える人たちも居る。フリーエージェント・ネーション＊に恐怖や嫌悪を感じる人もいるのだ。実際、誰もがフリーエージェントを好ましく思っているわけではない。労働省統計局の報告書によると、「臨時労働者」(この報告書ではそう呼んでいる)の半数以上は、できれば普通のフルタイムの仕事に就きたいと答えている。シアトルを訪れれば、うまみのあるストックオプションを与えられているマイクロソフトの正社員と席を並べて、「万年臨時社員」たちが各種の給付を受けられずに働いている。こうした現実を目の当たりにすれば、臨時社員化の拡大も明るい面ばかりでないということがわかる。

しかし、フリーエージェントの台頭に最も強く抵抗しているのは、組織に雇われずに働いている人たち自身ではなく、多少なりとも古いルールの恩恵を受けて現在の地位を得ている人たちだ。「夢に見る分にはいいが、現実問題としては、大半の人は安定した働き口と収入があるほうがいいと思うはずだ」と書いたのは、フォーチュン誌だ。フォーチュンと言えば、オールドエコノミーを代表する有力経済誌である。ホワイトがはじめて「オーガニゼーション・マン」について書いたのもこの雑誌だった。「どんなに起業家精神がもてはやされたところで、人間の性質は変わらない。組織に勤めない人が多くなっているというのは、創造的で果敢な人間が増えている証拠というよりは、就職することのできない悲惨な人間が多いという証拠に過ぎない」と、同誌は書いている。こうした否定的な論者の目には、フリーエージェントは脅威に映る。自分たちの地位が脅かされると感じているだけでなく、個人や企業、経済のあるべき姿についてのそれまでの常識が崩れることを恐れているのだ。

しかし、好むと好まざるとにかかわらず、評価するしないにかかわらず、フリーエージェント・ネーションは間違いなくそこに存在する。SF作家のウィリアム・ギブスンがかつて述べたように、「未来はここにある。ただし、すべての人に均等に訪れているわけではない」のである。それでも、この未来が多くの人に訪れるようになるにつれて、アメリカ人の仕事や生活に関する古い常識のいくつかに終止符が打たれはじめて

---

* **フリーエージェント・ネーション**　フリーエージェントが中心となって活躍する社会。

いる。
（資料１の中の見出しタイトルは出題者によるもの）

資料２：ダニエル・ピンク著（池村千秋訳）「フリーエージェント社会の到来」pp.32-48

（１）フリーエージェントの三つのタイプ

フリーエージェントはオーガニゼーション・マンと違って、決められた枠の中に分類するのが難しい。「この人たちには共通する特徴はほとんどない」と、人口統計学の学術誌アメリカン・デモグラフィック（99年６月号）でキャロル・レオネッティ・ダンハウザーは書いている。「建設作業員もいれば、セールスマンや化粧品の訪問販売員もいる。人口統計学にとっては悪夢と言ってもいい」

しかし、私が全米各地で行った何百人ものインタビューや官民の統計、経済学的な研究成果を見ると、ほとんどのフリーエージェントは、大ざっぱに言えば三つのカテゴリー：フリーランス、臨時社員、ミニ起業家のどれかに分類できる。

①フリーランス　フリーエージェントの最も一般的な形態は、フリーランスである。特定の組織に雇われずに様々なプロジェクトを渡り歩いて、自分のサービスを売る。

フリーランスという働き方自体は、最近になって生まれたものではない。作家や芸術家、写真家といった人たちは、昔からフリーランスを名乗ってきた。そもそも、フリーランスという言葉と発想は中世のイタリアやフランスの傭兵部隊にさかのぼる。傭兵たちは、報酬が納得できて、戦いに意義を認めることができれば、どの君主の旗の下でも戦った。このシステムがイングランドに伝わると、傭兵は「フリー・ランス（自由な槍）」と呼ばれるようになった。忠誠心や主従関係から自由な騎士という意味である。お呼びがかかれば、槍を持ってどこへでも飛んでいくというわけだ。

歴史上、フリーランスという言葉は、しばしば侮蔑的な意味で用いられてきた。19世紀末のイギリスの新聞は、議場で所属政党の方針に反した投票行動を取る議員のことを「フリーランサー」と呼んだ。

いまは、フリーランスという言葉にこうした悪いイメージはない。現在、アメリカには、「フリーランス」という言葉をその名称に含む職業団体が何百とある。最近では、フリーランスのなかに新しい分派も生まれている。マサチューセッツ工科大学（MIT）のトム・マローン教授は「eランサー（電子フリーランサー）」という言葉を生み出した。インターネットを通じて仕事を見つけ、オンライン上でチームを組んでプロジェクトに携わり、それが終わると、意気揚々と電脳空間に去っていく人たちのことである。

中世のヨーロッパがこうした一匹狼に騎士としての呼び名を与えたのに対し、20世紀のアメリカは法律上の名称を与えた。「独立契約者（インディペンデント・コントラクター）」という呼び名である。独立契約者は被雇用者ではない。この点は、法律上大きな意味をもつ。組織に雇用されている人の大半は、様々な労働関係の法律によって保護されている。年金を受け取る権利や労働組合を組織する権利が認められているし、超過勤務に対する割増賃金も保障されている。人種差別や性差別の禁止、最低限の職場の安全確保も法律にうたわれている。これに対して独立契約者は、こうした法律上の保護をほとんど受けられないのだ。

フリーランスには、他にも様々な呼び名がある。たとえば「コンサルタント」と言えば、かつては失業中のホワイトカラー労働者を意味する婉曲表現だったが、最近は組織に雇われないで働く人全般を指す言葉になっている。「恒久的フリーランサー」という言葉もある。これは、フリーランスとして関わるようになった企業から正社員のポストを提供されてもフリーランスのままでいる道を選ぶ人たちのことだ。イギリスの経営思想家チャールズ・ハンディは、フリーランスで働く人たちを「ポートフォリオ*労働者」と命名した。単一の雇用主のために、決められ

↖ * **ポートフォリオ** （投資機関の）顧客リスト。

た仕事と役割をこなすのではなく、分散投資をする投資家のように、得意先や仕事の内容、役割の「ポートフォリオ」をもっているからだ。

はっきりしているのは、呼び方はともかく、アメリカには大勢のフリーランスがいるということだ。配管工や経営コンサルタント、トラック運転手、グラフィックデザイナー、コンピュータプログラマー…複数の顧客や取引先を相手に働くことが可能な職種では、大勢のフリーランスが活躍している。ある調査によると、2000年の統計によれば、アメリカで自分をフリーランスと位置づける労働者は全体の26％に達する。アメリカ人男性の40％以上は、フリーランスとして働いた経験の持ち主だ。税務関係の統計によると、アメリカのフリーランスの所得は、1970年から93年の間に2倍に増えた。一部の産業では、フリーランスは欠かせない労働力になっている。ハーバード大学の研究によると、市場規模1750億ドルの住宅リフォーム業界では、労働力の70％をフリーランスが占めている。

アクエント・パートナーズなどの人材派遣会社では、高給取りのフリーランスを指す言葉として「インディペンデント・プロフェッショナル」という言葉を用いている。アクエント社の調査によれば、インディペンデント・プロフェッショナルは3300万人にのぼるという。この3300万という数字は、アメリカの労働人口のほぼ4分の1にあたる。

各種の調査によると、フリーランスの人たちは現在の生き方に満足しているようだ。

- 96年に行われたある調査によると、「独立契約者の8割以上は…他人に雇われて働くのではなく独立契約者になるという道を自主的に選んでいる」。勤務先のリストラなどによりやむを得ずフリーランスになった人の場合も、いまではフリーランスのほうがいいと考える人が66％にのぼる。
- フルタイムで働いている独立契約者の収入は、組織に雇われている人より平均で15％多い。
- 独立契約者全体のなかで年収75,000ドル以上の人が占める割合は、給与所得者の場合の2倍に達する。

では、アメリカのフリーランス人口はどれくらいの規模になるのか？労働省統計局の統計（実際の数字より小さいと思われることはすでに指摘した通りだ）によると、アメリカには、事業を法人化していないフリーランスが約1000万人、法人化しているフリーランスが約400万人、サイドビジネスとしてフリーランスの仕事をしている人が約200万人いる（会社勤めのかたわらフリーランスとして働くという段階は、多くの場合、フリーエージェントという水に飛び込むための飛び板の役割を果たす)。これらを合わせると、約1600万人のフリーランスがいる計算になる。上院中小企業委員会によれば、フリーランス人口は2200万～2500万人。先述のように、アクエント・パートナーズは3300万人と、労働省統計局の２倍以上の数字をあげている（いくつかの民間調査会社も同様の数字をあげている)。この点では、私は控えめな立場を取りたい。アメリカのフリーランス人口は約1650万人といったところだろう。

②臨時社員　フリーランスが「意図したフリーエージェント」だとすれば、臨時社員は「意図せざるフリーエージェント」の場合が多い。臨時社員の多くは、本当は「恒久的」な職に就くことを望んでいるのに、効率優先の非情な企業や強欲な派遣会社、それに本人の意欲や能力の欠如のせいで経済の段階の最下層に甘んじているのだ。トイレのペーパータオルやプリンターのトナーカートリッジ同然の「使い捨て労働力」という臨時社員のイメージは、現実を反映している。臨時社員のうち医療保険に加入している人は45%にとどまっている（しかもその大半は、配偶者が医療保険に加入しているおかげに過ぎない)。年金を受け取ることができる人は、たったの2.5%でしかない。ある調査によると、現在の契約内容に満足している臨時社員は27%だけ。63%は恒久的な職に就きたいと考えている。「人材派遣会社を通じて働いている人の過半数は、労働市場の環境と個人的な事情が許せば、いまとは違う働き方をしたいと考えている」と、あるエコノミストは指摘している。

それでも、臨時社員は、現代の経済に欠かせない存在になっているようだ。その傾向は、大企業で際立っている。全米産業審議会によれば、

➘

主要な多国籍企業の90%が「直接、もしくは派遣会社を通じて、常に臨時社員を使っている」という。アメリカの急成長企業392社を対象にした大手会計事務所クーパーズ・アンド・ライブランドの調査でも、3分の2近くの会社が臨時社員を活用している（ちなみに、臨時社員を使っている企業の収益は、臨時社員を使っていない企業より平均22%多い)。臨時社員の活用は、もはや景気の悪いときにコストを削減するための単なる短期的な方策ではなく、企業が生き残るために必要な長期的な戦略になっているのだ。

それは、数字によっても裏づけられている。

- 1990年代前半のアメリカで最も多くの新規雇用を生み出した産業は、人材派遣業である。95年以降、臨時社員の雇用数は、従来型の会社員の雇用数の3倍のペースで増えている。
- 1982年の平均的な一日を例に取ると全米で41万5000人が臨時社員として働いていた。この数字は99年には300万人に跳ね上がった。実に7倍以上の増加である。
- 人材派遣ビジネスの業界規模は、25年前は10億ドルに満たなかった。しかし90年には200億ドルに拡大し、いまや800億ドルに迫る勢いだ。
- カリフォルニア州で90年代後半に最も多くの雇用を生み出していたのは、人材派遣業だった。人材派遣業が生み出した18万の新規雇用は、ソフトウエア産業と家電産業の合計よりまだ多い。ちなみに、シリコンバレーで臨時社員の占める割合はアメリカの他の地域の2倍に達する。

一部では、臨時社員の賃金は、他の労働形態の労働者より速いペースで上昇している。とくに、高い技術を持ったホワイトカラーの臨時社員は、従来型の会社員よりも概して収入が高い。ワシントンやヒューストンなどの大都市では臨時で働く弁護士が活躍しているし、臨時社員の医師やフリーエージェントの看護婦も増えてきている。その一方で、専門技術のない臨時社員の置かれた状況は厳しい。事務職の臨時職員は、正社員の事務員より給料が少ないのが普通だ。

恵まれている臨時社員と恵まれていない臨時社員の間のギャップは、深く大きい。

いまアメリカでは、高給取りの人もそうでない人も合わせて、約350万人の臨時社員がいる。

③ミニ起業家　フリーエージェント・ネーションでは、極めて小さな企業が雨後のたけのこのように続々と誕生している。従業員が2、3人しかいない企業もある。こうした企業を「ミニ企業」と呼ぶことにしよう。1994〜98年にかけて、従業員20人未満の企業が生み出した新規雇用は900万。これは、この期間中にアメリカ全体で生まれた新規雇用の8割にあたる。もちろん、ミニ企業のなかには潰れた会社もあるし、それにより職を失った人もいるだろう。しかしはっきりしているのは、いまやアメリカのすべての企業の半数以上を従業員5人未満の会社が占めているということだ。

リンゼー・フルッチは、ニューハンプシャー州で「脂肪ゼロ・フーズ」という名前の会社を営んでいる。従業員は彼女ひとりだけ。脂肪を使っていないチョコレートケーキの素をつくって、小売店に卸したり、インターネット通販で直接消費者に販売している。

フルッチの会社をはじめ、多くのミニ企業の誕生を後押ししているのは、インターネットだ。過去10年間の数字を見るとIT（情報技術）の導入が進むにつれて、その産業では企業の規模が小さくなる傾向がある。エンジニアリングの分野では、いまや90%が中小企業で、従業員数は平均4人である。デジタルネットワークの進歩のおかげで、個人や少人数のグループでも、独立性や柔軟性、小さいままでいることの喜びなど、小規模なビジネスならではの長所を失うことなく、大企業並みのパワーや活動範囲、取引先を獲得できるようになった。すでにアメリカでは、労働者7人に対して会社が1社の割合になっている。しかも、新しい企業の増加率は人口増加率の5倍に達しており、20年後には、企業の数は現在の2倍に増えるという予測もある。そうなれば、労働者3人に対して会社が1社の割合になる。市場への参入障壁が低くなったこと、強力な情報ネットワークが安価で利用できるようになったこと、資本（目に見える資本も目に見えない資本も）が入手しやすくなったことが相まって、ビジネスを立ち上げるのは、家を買ったり運転免許を取るのと同じくらい簡単になっている。

あらゆる形態のフリーエージェントがそうであるように、経営者の自宅に拠点を置くビジネスの数を把握するのは簡単でない。サイドビジネスの場合もあるだろうし、現金取引のため政府の統計に反映されにくい場合もあるだろう。当局の推計によれば、カリフォルニア州ロサンゼルス郡には、税務記録などの公的な記録に載っていない自宅ベースのミニ企業が45,000あるという。

「政府の公式な統計は、中小企業の存在感が高まっているという現実を十分に反映していない」と、ニューエコノミーについて最も鋭い洞察をしている論者のひとりであるウォールストリート・ジャーナル紙の元コラムニスト、トーマス・ペッツィンガーは書いている。「アメリカの家庭について調査した結果を見れば、実際には税務上の記録にあらわれている３倍のペースで新しいビジネスが生まれていることがわかる」

様々な民間の調査を見ると、私たちの住む近所でもフリーエージェントたちが活発にビジネスにいそしんでいるようだ。

- ビジネススクールで教鞭を執るジャグディシュ・N・シーズとラジェンドラ・S・シソディアは99年６月28日のウォールストリート・ジャーナルで、「創業者の自宅に拠点を置くミニ企業の数は1200万社以上。その数はさらに増え続けている」と書いている。
- ミシガン州中小企業開発センターの推計によれば、アメリカでは、11秒に1社のペースで自宅ベースのミニ企業が生まれている。
- オーナーの自宅に拠点を置く企業の数は、全米在宅企業協会によれば2400万社以上、在宅企業オーナー協会によれば2700万社にのぼる。
- 調査会社IDCの推計によると、経営者の自宅に拠点を置く企業の数は、2002年には3700万社を上回るという。

（2）企業の中のフリーエージェント社員

フリーエージェントについて取材を進める過程で、「大企業に属したままでフリーエージェントになることはできないのか」という質問を何度か受けた。しかし、「フリーエージェント社員」などというのは、「馬鹿でかい小エビ」や「体にいい日焼け」「折り目正しい弁護士」と同じような自己矛盾ではないのか？

そんなことはない。会社の中で、魅力的な仕事を求めてハリウッドの映画スターさながら次々といろいろなプロジェクトを渡り歩いている人は、給与所得者であってもフリーエージェント流の働き方をしていると言っていい。あるいは、数年おきに勤め先を変えたり、失業を繰り返していたり、いまの仕事を就職先と考えるのではなくひとつの契約と考える発想をしていれば、その人は間違いなくフリーランスや臨時社員、ミニ起業家と多くの共通点をもっている。実際、様々な統計によれば、フリーエージェント流の働き方をしている会社員も多数存在するようだ。

- 在宅勤務をしている人は全米で約1110万人。1400万〜1500万人という推計もある。在宅勤務は、労働者にとってマリファナのような効果をもつ場合が多い。純粋なフリーエージェントという強力なドラッグへの入り口なのだ。
- ニューヨーク・タイムズ紙によれば、「一部のIT関係の専門職では…転職率は50％前後に達する。つまり、平均的な労働者は半年ごとに転職していることになる」という。
- 1998年のデータでは、カリフォルニア州の成人人口の45％は現在の職に就いて２年未満だった。在職年数の中央値は３年。フリーエージェントという言葉の語源である野球の大リーガーが一球団に在籍する年数の中央値より短い。平均的なカリフォルニア州住民は、大リーグのスタープレーヤーより頻繁に「チーム」を移っているのだ。
- USニューズ＆ワールドリポート誌によると、99年に、転職のために会社を辞めた人は約1700万人。この数字は５年前に比べて600万人多い。

こうした人たちは、気持ちの上ではフリーエージェントでも、公式の統計上はフリーエージェントに分類されない。

これまで述べてきたように、控えめに見た場合、アメリカのフリーランス人口は1650万人、臨時社員人口は350万人、ミニ起業家人口は1300万人。つまり、合計すると、フリーエージェント人口に関する「真実にかなり近い数字」は、3300万人ということになる。

控えめに3300万人と考えたとしても莫大な人数である。アメリカの労働者の4人に1人がフリーエージェントという計算になる。誰からも命令されることなく、これだけの数の人が従来の労働形態からの独立を宣言したのだ。第3章以降に見ていくように、人口統計学的、文化的、技術的、経済的な理由により、フリーエージェント人口は今後10年でさらに増えることが確実である（ある市場調査会社の推計によれば、2010年には労働人口の41％がフリーエージェントになるという）。

いくつかの主要産業の就労者数と比べてみると、フリーエージェント人口の大きさが際立つ。たとえば、製造業を見てみよう。

現在のアメリカでは、フリーエージェント人口は製造業の就労者数より1500万人近く多い。3300万人のフリーエージェント人口は、公務員人口2000万人（連邦、州、地方自治体のすべての公的機関職員の数。警察官や公立学校教員を含む）と比べてもずっと多い。アメリカの労働組合人口の1650万人と比べても、フリーエージェント人口はほぼ2倍にのぼる。

もちろん、誰もが「フリーエージェント宣言」をしているわけではない。労働者の4人に1人がフリーエージェントだということは、とりもなおさず、4分の3は（少なくともいまのところは）フリーエージェントではないということだ。一部の統計によれば、フリーエージェント化に逆行する現象も起きている。98年の労働省の統計によると、25歳以上の男性の33％は、現在の会社で10年以上働いている。5年前の調査に比べて13％減ってはいるが、依然として高い比率だ。すべてのオフィスや工場で従業員の在職年数が短くなっているというわけではないのだ。それに、51の大企業を対象にしたある調査によると、従業員の平均在職年数も伸びているし、在職10年以上の社員の数も増えているという。

しかし、労働のあり方に、いま大きな変化が起きていることは間違いない。カリフォルニア州の驚くべき統計を紹介しよう。20世紀にアメリカで生まれた経済的な潮流は、ほぼことごとくカリフォルニアから始まったといっても過言でない。シリコンバレーやハリウッドの興隆しかり、ラティーノ（中南米系）やアジア系の台頭またしかりだ。そのカリフォルニア州では、99年の統計によると、従来型の労働形態で働いている人（つまり、単一の雇用主のもとでフルタイムの恒久的な職に就いている人）は３人に１人に過ぎない。３分の２は、独立契約者やフリーランス、パートタイムなど非従来型の労働形態で働いている人たちだ。カリフォルニア州で働く人の３人に２人は、アメリカのほぼ全ての法律や税制度の前提となっている雇用という労働形態をとっていないのである。

アメリカの未来を先取りする州であるカリフォルニア州では、フリーエージェント化が進行しているのだ。

資料３：玄田有史著 「仕事の中の曖昧な不安」pp.196-203

（１）独立開業を希望する人

そもそも、独立開業を希望する人々は増えているのだろうか？事実を知るにはデータだ。

ところが、統計からは、若者の開業意識について、まったく別の実態が浮かびあがる。「就業構造基本調査」（総務省統計局）を過去にさかのぼり、転職希望者に占める「自分で事業をしたい」人々の割合を計算してみる（図１）。若者の転職志向の高まりが指摘されるなか、その一翼を独立・開業意識の強化が担っているのであれば、開業を希望する人々の割合が転職希望のなかでも上昇しているはずである。

テレビや雑誌では、新興ベンチャー企業の経営者が時代のヒーローのように持ち上げられる。IT 革命や介護福祉を担うのは、ベンチャーの旗手の方々なのだそうだ。そこで取り上げられる若き経営者はいずれも

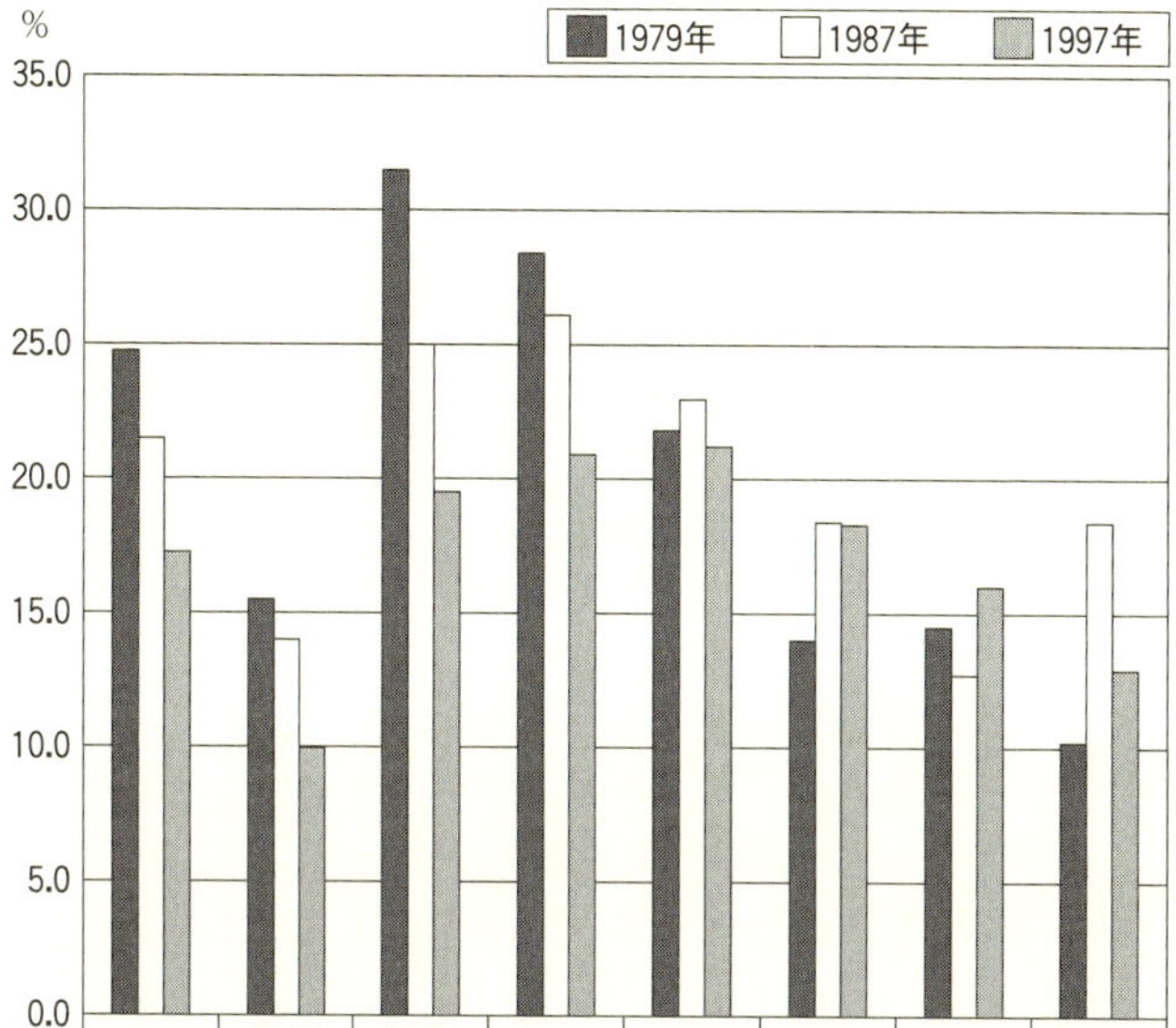

	総数	15-24歳	25-34歳	35-44歳	45-54歳	55-59歳	60-64歳	65歳以上
1979年	24.7	15.6	31.6	28.4	21.8	14.0	14.5	10.2
1987年	21.6	13.8	25.2	26.1	22.7	18.4	12.7	18.4
1997年	17.4	9.7	19.4	20.9	21.2	18.3	16.0	12.9

図１　転職希望者に占める事業を起こしたい人々の割合

出所：「就業構造基本調査」総務省統計局

雄弁で、自信に満ちている。しかし、そのような人々は、日本の多くの若者の実態と大きくかけ離れている。

若者が開業を希望しないのは、きびしい経済情勢のなか、会社を経営することが以前にもまして困難となっているからだ。そのことを多くの人たちが自覚し、慎重になっている。若者がリスクに対し挑戦する意欲が低下しているのだ。

そんなチャレンジ精神低下の一つの兆候は、1980年代以降、30代や40代の自営業が大きく減少しているという事実に、あらわれている。

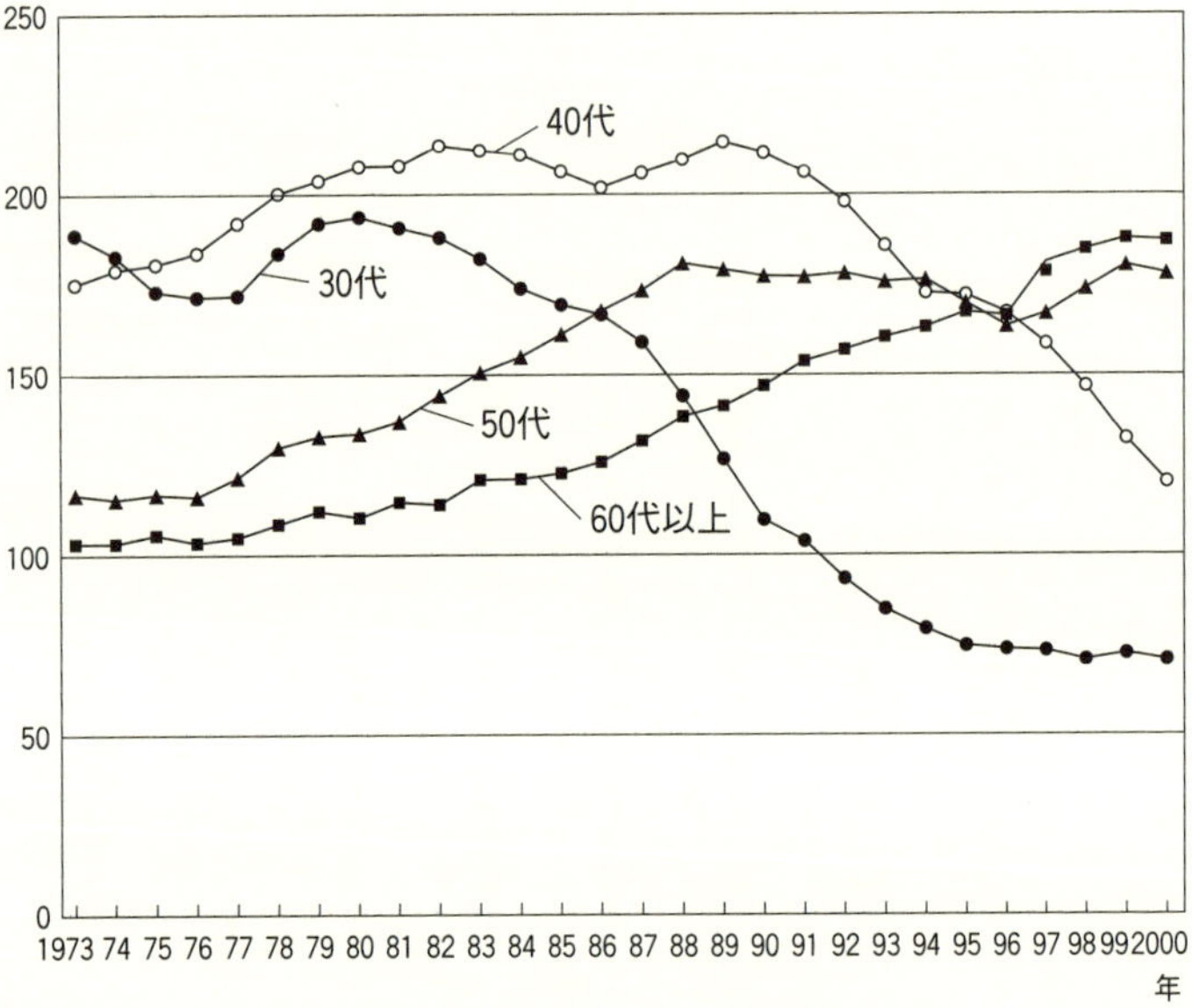

図２　自営業者の推移（非農林業、万人）

出所：「労働力調査年報」総務省統計局

図２には、自営業者数の推移を年齢別に示した。

高齢者の就業機会を確保する手段として、自営業の可能性に注目が集まる。しかし、高齢の自営業者が増加するかどうかは、若いときの自営就業の機会がカギを握っている。年齢が30代から40代のうちに自営就業し、事業を軌道に乗せることができなければ、高齢で自営業者になることはむずかしい。50歳当初までサラリーマンであった人が、その後に自営業を開業し、成功するには、並大抵でない才能、努力、そしてバイタリティを必要とする。その意味で、現在起こっている30－40代の自営業者減少は、将来の高齢者にとって、就業する機会が減っていく未来を予感させる。

本来、年齢の高まりと自営業の選択には、相反する二つの作用が存在する。一つは、年齢が高くなることが自営就業を促進する可能性である。年を経て経験やノウハウを蓄積することで、自営にともなう不確実性を避けることができ、仕事の困難を克服する術を獲得するからである。

一方、加齢が自営業を抑制する可能性もある。サラリーマンとして勤続を積むことで昇進し、管理職や経営者の地位に就けば、独立心は満たされ、あえてリスクの大きい独立開業をしようと考えなくなる。体力が低下し、教育費や住宅取得費のための安定収入が必要になると、危険を冒してまで困難な自営就業を選択する傾向は、やはり弱まってくる。

30代から40代の働き盛りで自営業者になろうとする人が、日本で極端に減っている。背景には、後者の抑制作用が前者の促進作用を凌駕し、多くの人にとって、職業的に不安感の大きい自営業を回避しようとする傾向が強まっている。

独立志向を持つには、会社や家庭を超えた幅広い人的ネットワークの形成が意味を持つ。職場以外のコミュニティへの積極的な参加といった取り組みが独立開業には大切になる。

しかし、30代、40代になると、新たな人間関係が構築されにくくなる。それは、将来起こるかもしれない転職や独立に際して障害になる。幅広い人間関係を持ち、そこから情報を得ることで、転職や独立にまつわる曖昧な不安を、冷静にチャレンジするためのリスクに変えていくことが必要なのである。

（2）世界の潮流

1990年代の経済停滞を通じて、リストラによる従業員数の削減圧力の高まりに注目が集まってきた。実際にはしかし、雇用者（給料や賃金を得て働いている人々）の数は減っていない。むしろ1990年には4835万人だったのが、2000年には5356万人と、90年代に500万人以上も増えているのである（総務省統計局「労働力調査」）。

バブル経済が崩壊した1992年以降も、200万人強、雇用者は増えている。雇用者と反対に大きく減ったのが、自営業者と家族従業者である。それぞれ100万人以上減っている。働く人々の総数がバブル崩壊以降ほとん

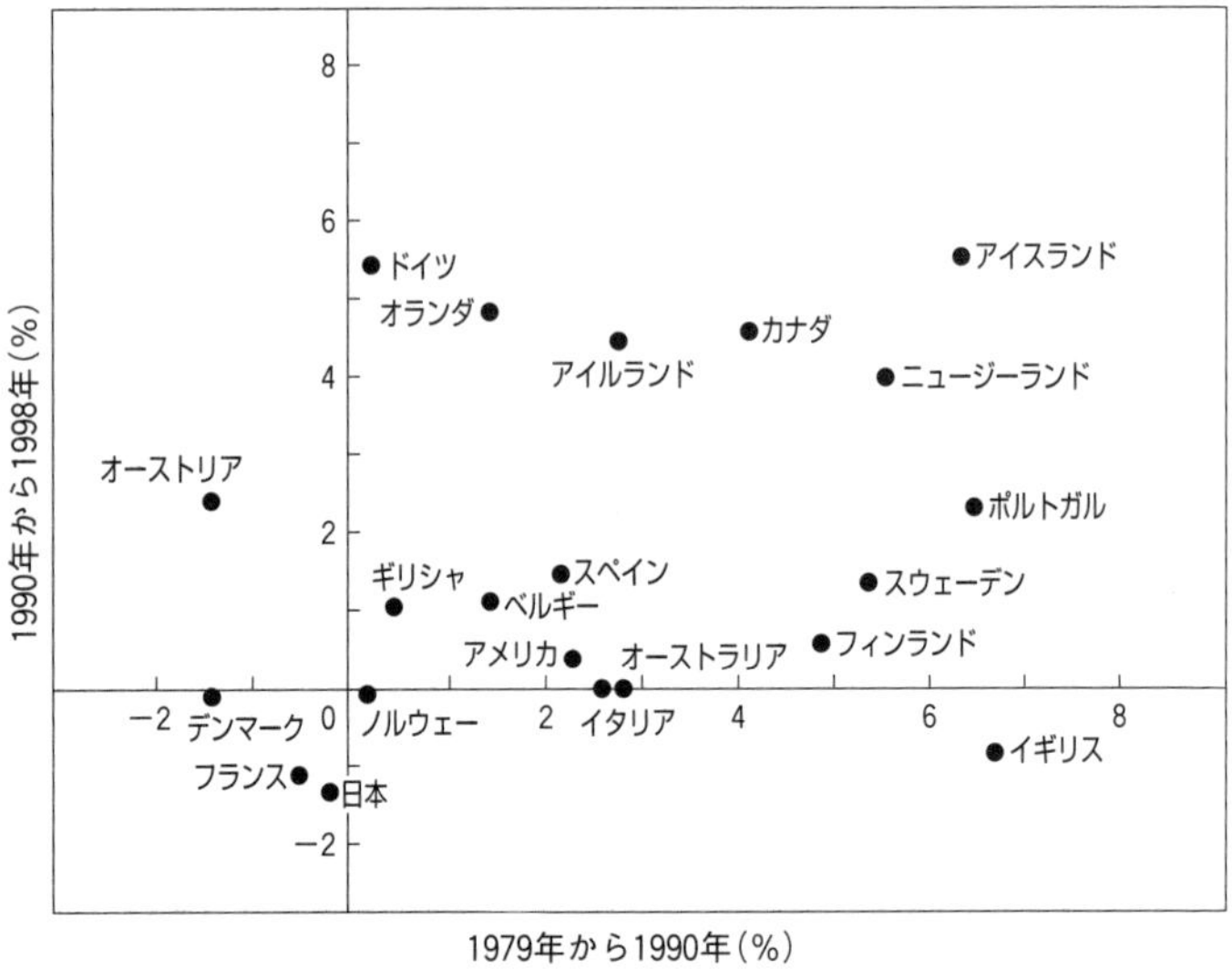

図３　自営業者の増加率の国際比較

出所：「Employment Handbook」OECD

ど増えない原因は、雇用者がリストラにあったことではない。自営業者や家族従業者が減ったことである。

経済が成熟していけば、大企業にくらべて生産性に劣る零細規模の自営業が減っていくのは、当然なのだろうか。

図３は、先進諸国で自営業者数がどのように変化してきたかをくらべたものである。1990年代だけでなく、80年代から90年代にかけて中長期的にみても、多くの国々では自営業者数は減るどころか、むしろ増加する傾向にある。イギリスは80年代に、オランダやドイツは90年代に自営業の大幅な増加を経験してきた。それに対し、自営業者が、短期的にも中長期的にも減少している国がわずかにある。

各国で自営業を選択した人に、その理由をたずねると、決まって上位にくるのは「自分で自分のボスになりたい」。OECD「エンプロイメント・アウトルック＊」のうち1992年の報告（170ページ）では、この「自分で自分のボスになりたい」(be one's own boss) という意識が独立開業の最も重要な要因と、指摘している。独立開業に「自分で自分のボスになりたい」という意志が重要なのは、日本も同じだ。しかし、日本では全体として「独立したい」という意識が弱まっている。「責任のある地位に就きたくない」と、多くの人々が考えはじめている。

これまで日本の失業率が他の先進国よりも低い理由として、大企業を中心にみられた長期雇用システムの存在が重視されてきた。それ以外に、仕事を失った女性が失業者とならず、就職をあきらめ専業主婦や家事手伝いになる「求職意欲喪失効果」の強さも指摘された。しかし不況になっても雇用機会がある程度確保されてきた理由は別にもある。

それは、景気動向にかかわらず、つねに一定割合の開業がなされ、そして開業した企業が成長する過程で、新しい雇用機会を生み出してきたことである。

日本は他の先進国とくらべて中小企業で働く人々が多い。それだけ中小企業が豊富に存在してきた。それは単に中小企業が政策的に保護されていたということだけでない。一部の中小企業が倒産・閉鎖に追い込まれる一方、新たに中小・零細企業がたえず生み出されてきた。そこに雇用機会が創り出されてきたのである。

このような雇用創造の原動力を、自営業を含む中小企業の輩出が果たしてきた。しかし、そのポンプ役としての力が90年代後半になって急速に弱まってきている。

資料4:各種データ

資料4であげられている各種データは、資料1、2で記述されたアメリカにおけるフリーエージェントが日本で広まるかどうか、あるいは資料3でまとめられている日本の現状を諸君が考える際の手がかりとして

＊ **「エンプロイメント・アウトルック」** OECD(経済協力開発機構)が毎年発行している、世界各国の雇用に関する調査報告。

用意された資料である。

資料４－１：独立・起業を志向する者の割合（男性）
資料４－２：独立・起業を志向する者の割合（女性）
資料４－３：独立を志向する者が危惧する独立阻害要因
資料４－４：事業所規模別サービス業従事者に占めるパートタイム労働者の比率
資料４－５：わが国の企業開業・廃業率の推移
資料４－６：大卒男子の就業意識
資料４－７：大卒女子の就業意識
資料４－８：ビジネスパースン（男性）の転職意識
資料４－９：ビジネスパースン（女性）の転職意識
資料４－10：ビジネスパースン（男性）の転職をしたい理由

資料4－1　独立・起業を志向する者の割合（男性）

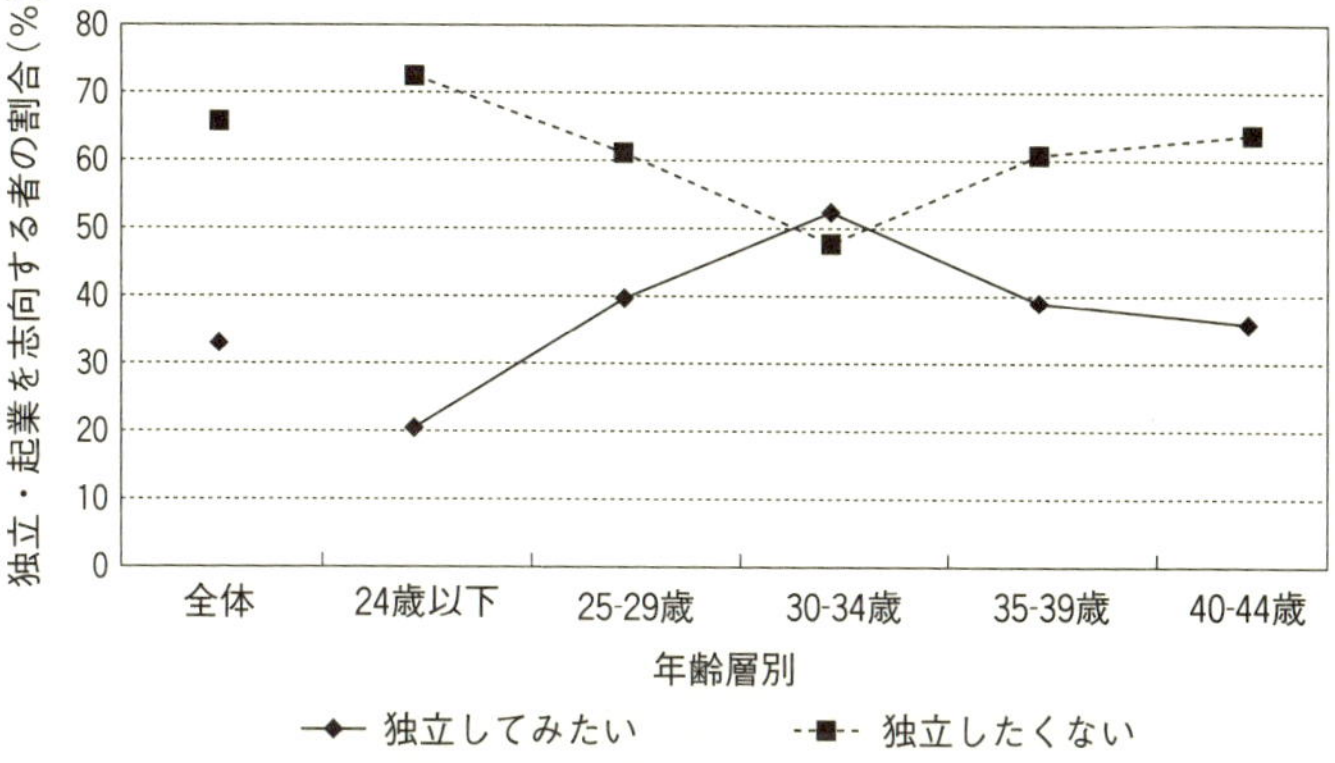

出所：「高齢者の雇用環境整備に関する調査研究報告書」通商産業省、1999
掲載されたデータを基に編集

資料4－2　独立・起業を志向する者の割合（女性）

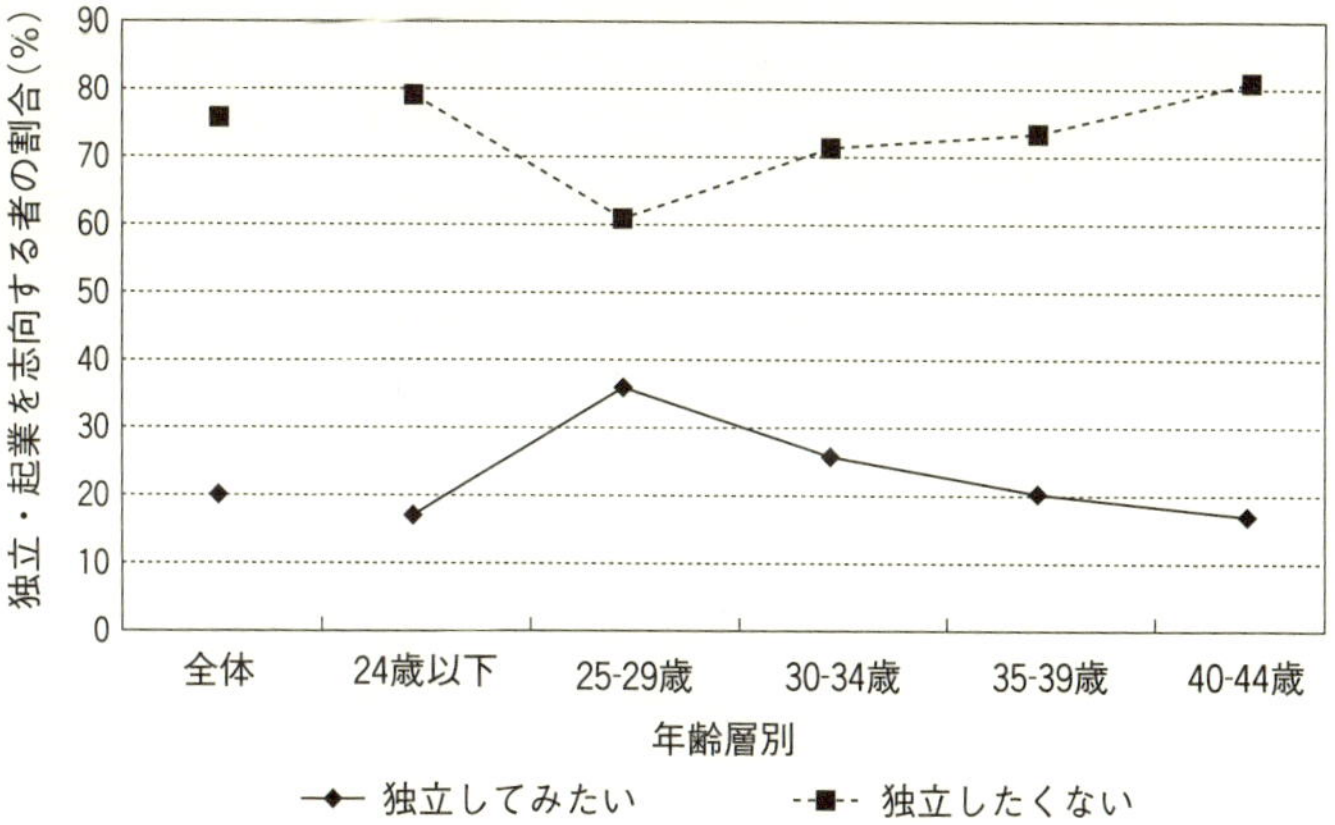

出所：「高齢者の雇用環境整備に関する調査研究報告書」通商産業省、1999
掲載されたデータを基に編集

資料4－3　独立を志向する者が危惧する独立阻害要因

（年齢層別／独立を志向する者のみ）

	男性				女性			
	24歳以下	30～34歳	40～44歳	55～59歳	24歳以下	30～34歳	40～44歳	55～59歳
収入が不安定になるから	77.8	90.2	96.9	76.9	82.5	88.1	78.4	70.0
休みが不規則になるから	72.2	66.7	72.2	56.4	78.9	83.3	77.0	70.0
社会的な信用がなくなるから	38.9	47.1	36.1	28.2	36.8	26.2	18.9	35.0
仕事上の責任を負うのは大変	83.3	62.7	56.7	47.9	78.9	78.6	85.1	55.0
組織の中での仕事があっているから	50.0	62.7	64.9	58.1	73.7	76.2	82.4	65.0
家族の賛成が得られないから	55.6	54.9	56.7	46.2	31.6	42.9	47.3	50.0
独立できるようなノウハウがない	88.9	68.6	82.5	63.2	94.7	83.3	87.8	75.0
独立に必要な資金がないから	83.3	96.1	90.7	66.7	89.5	88.1	85.1	85.0
現在の仕事は個人でできない	55.6	60.8	79.4	61.5	75.4	69.0	68.9	80.0
年齢的に新しい事を始めるのは大変	11.1	51.0	77.3	88.0	26.3	54.8	75.7	90.0
現状の仕事や生活に満足している	44.4	54.9	61.9	73.5	57.9	59.5	71.6	65.0
不景気で独立してもやっていけない	77.8	70.6	92.8	80.3	82.5	83.3	83.8	85.0
金融機関が資金を融資してくれない	77.8	78.4	77.3	63.2	63.2	64.3	75.7	70.0

出所：「高齢者の雇用環境整備に関する調査研究報告書」通商産業省、1999
　　　掲載されたデータから抜粋

注　：回答は複数回答、表の中の数値は％

資料4－4 事業所規模別サービス業従事者に占めるパートタイム労働者の比率

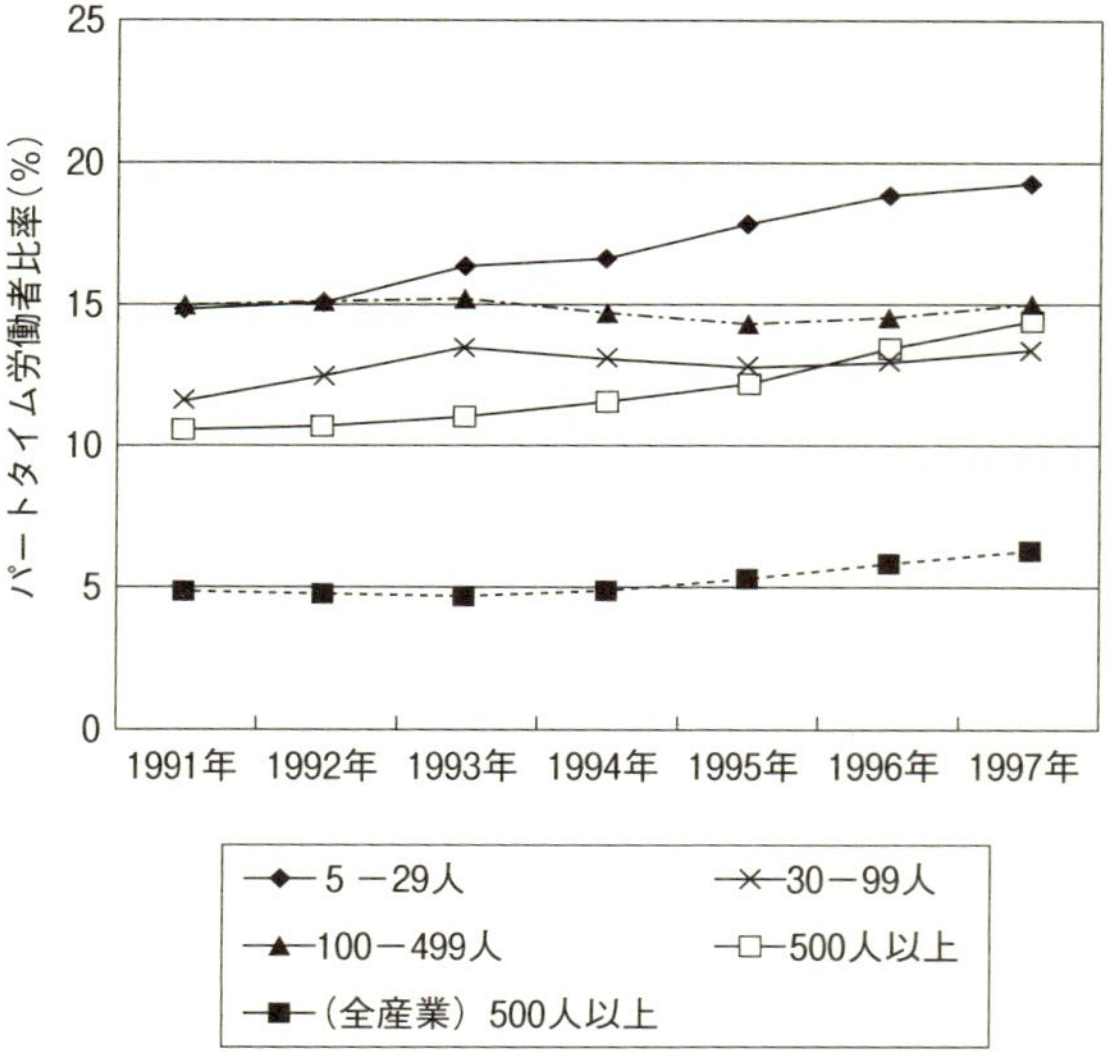

出所：「人材市場データブック」リクルートワークス研究所編、2000
注　：全産業は製造業、卸売り、小売、飲食店、サービス業を含む
　　その他のデータは全てサービス業

資料4－5 我が国の企業開業・廃業率の推移
（非一次産業、年平均）

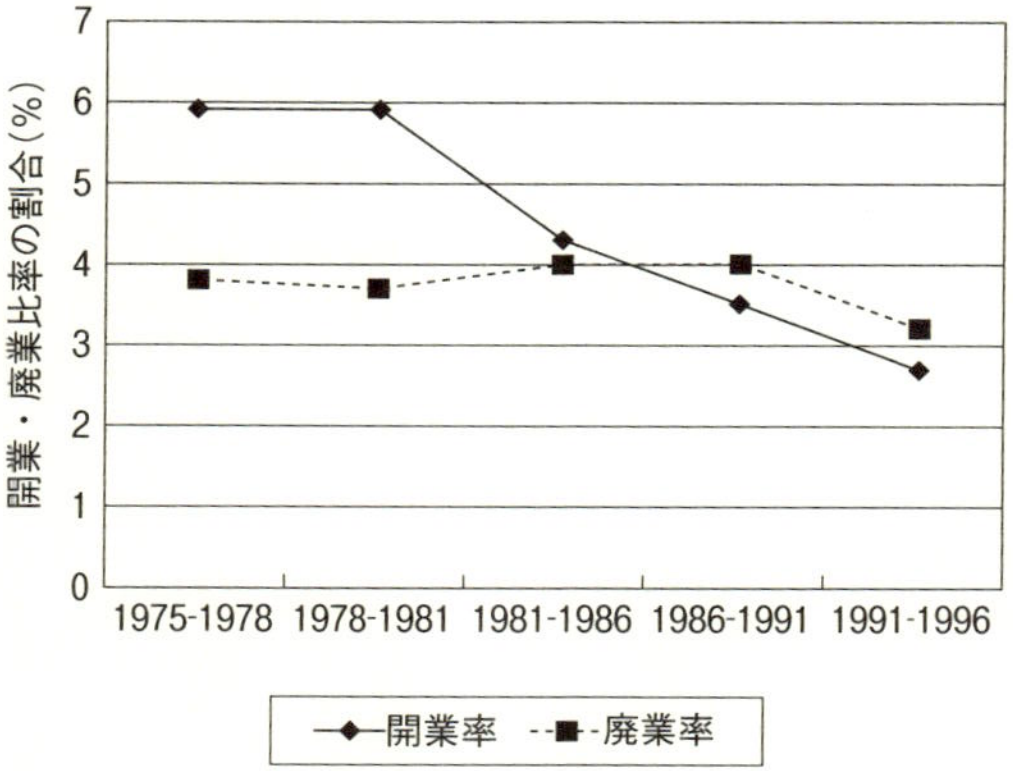

出所：総務庁「事業所・企業統計調査」から再編加工
注　：1　開業率＝開業年次が前回調査から今回調査時点までの期間に属する企業数／前回調査時点の企業数／年数（%）
　　　2　企業廃業率＝企業開業率－増加率
　　　3　我が国の企業の開業・廃業の比率は双方とも最低水準であることに加えて、近年は廃業が開業を上回っており、経済活力の減退が懸念されている

資料４－６　大卒男子の就職意識

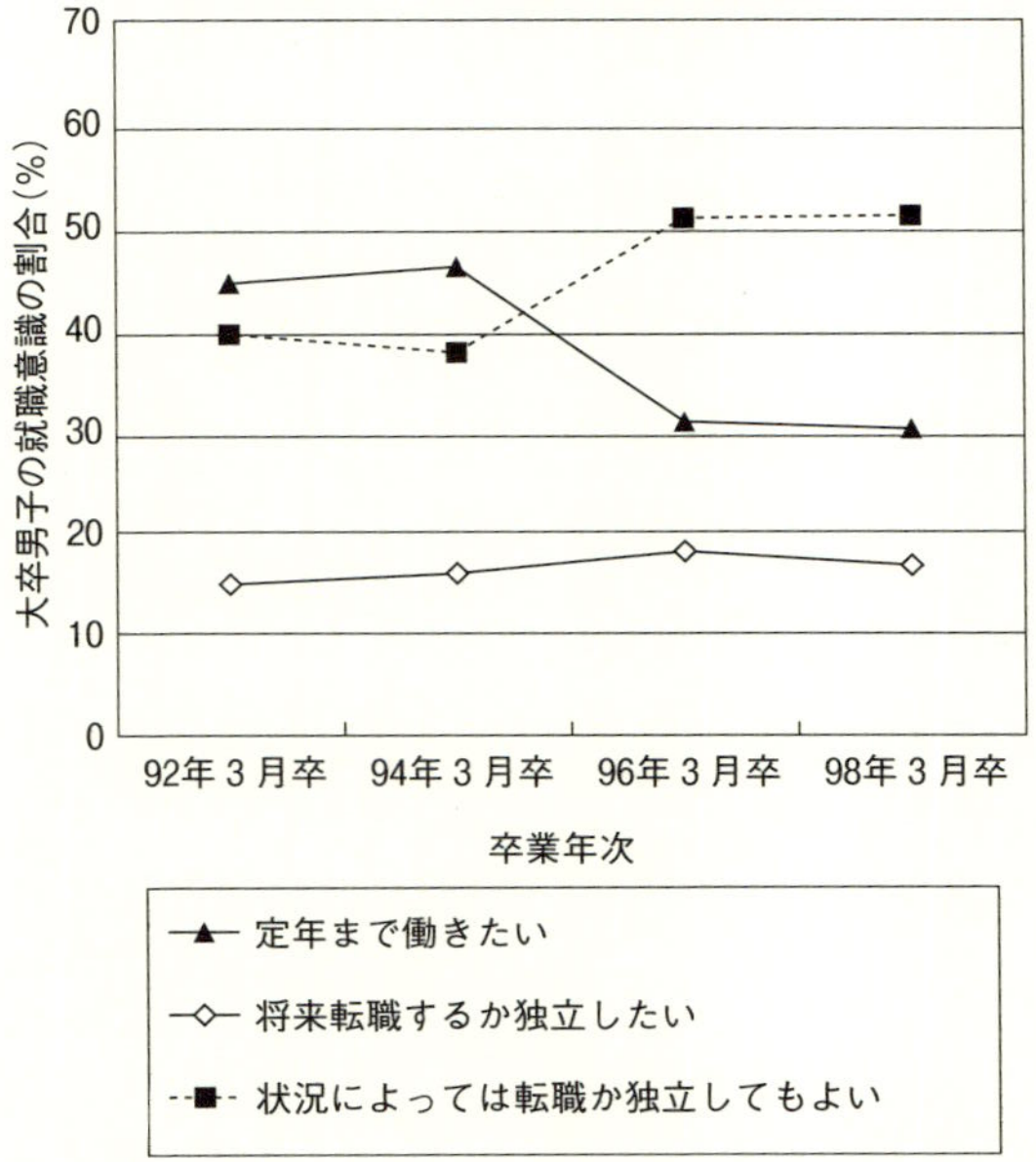

出所：「人材市場データブック」リクルートワークス研究所編、2000
掲載されたデータを基に抜粋・編集

資料４－７　大卒女子の就職意識

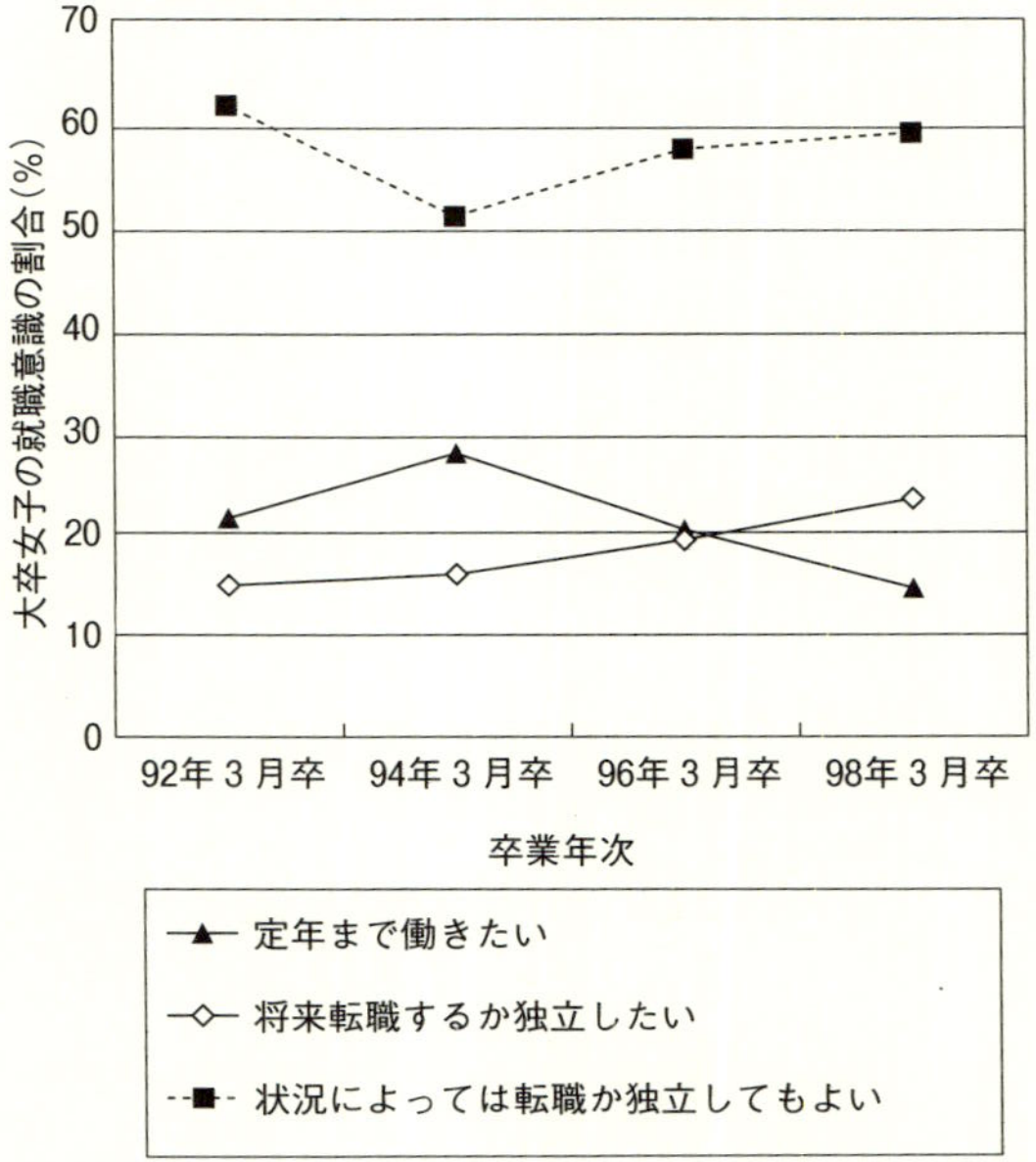

出所：「人材市場データブック」リクルートワークス研究所編、2000
掲載されたデータを基に抜粋・編集

資料4－8　ビジネスパースン（男性）の転職意識

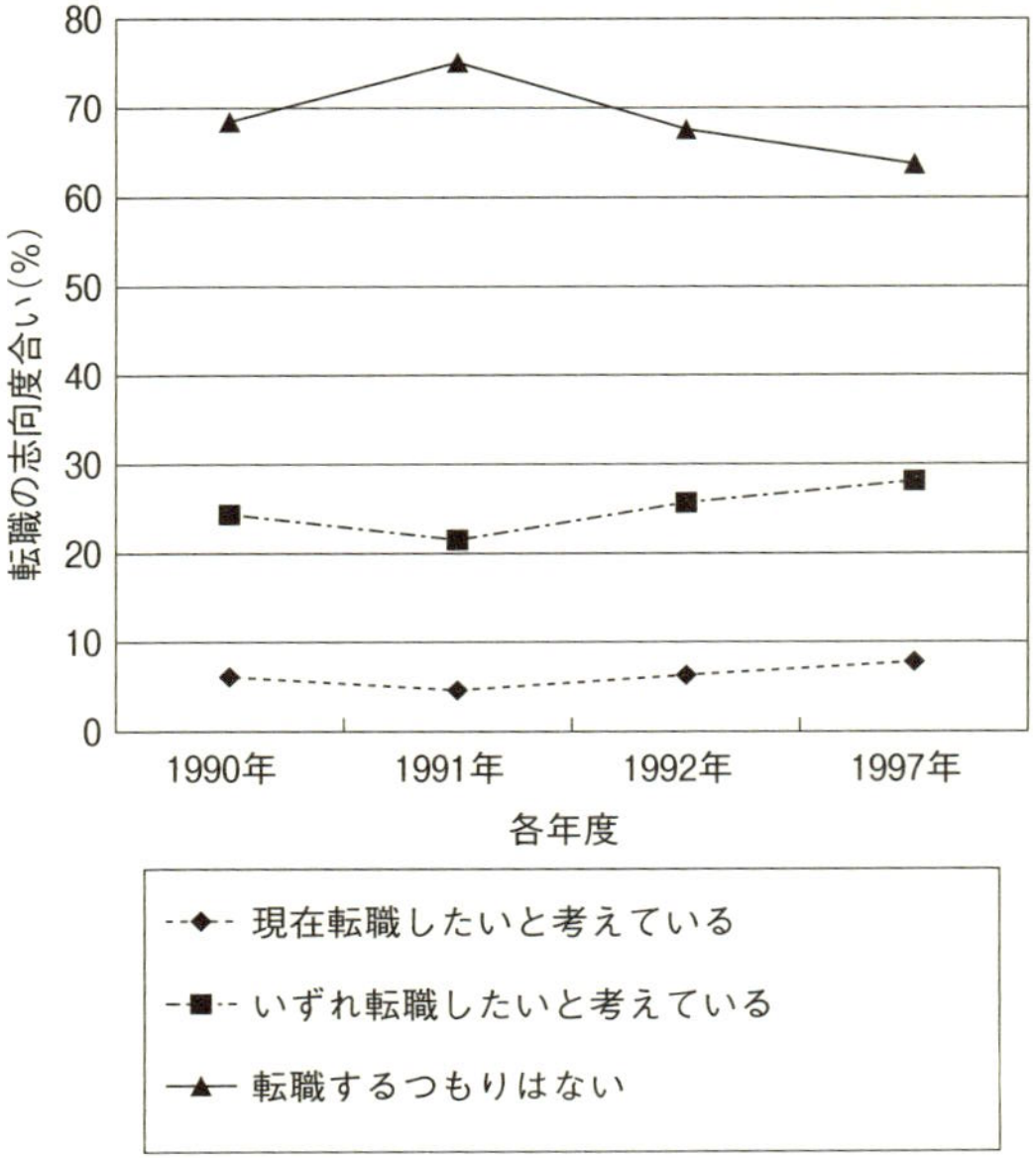

出所：「首都圏ビジネスマンの転職実態調査」リクルートリサーチ、1990－1997
掲載されたデータを基に抜粋・編集

資料4－9　ビジネスパースン（女性）の転職意識

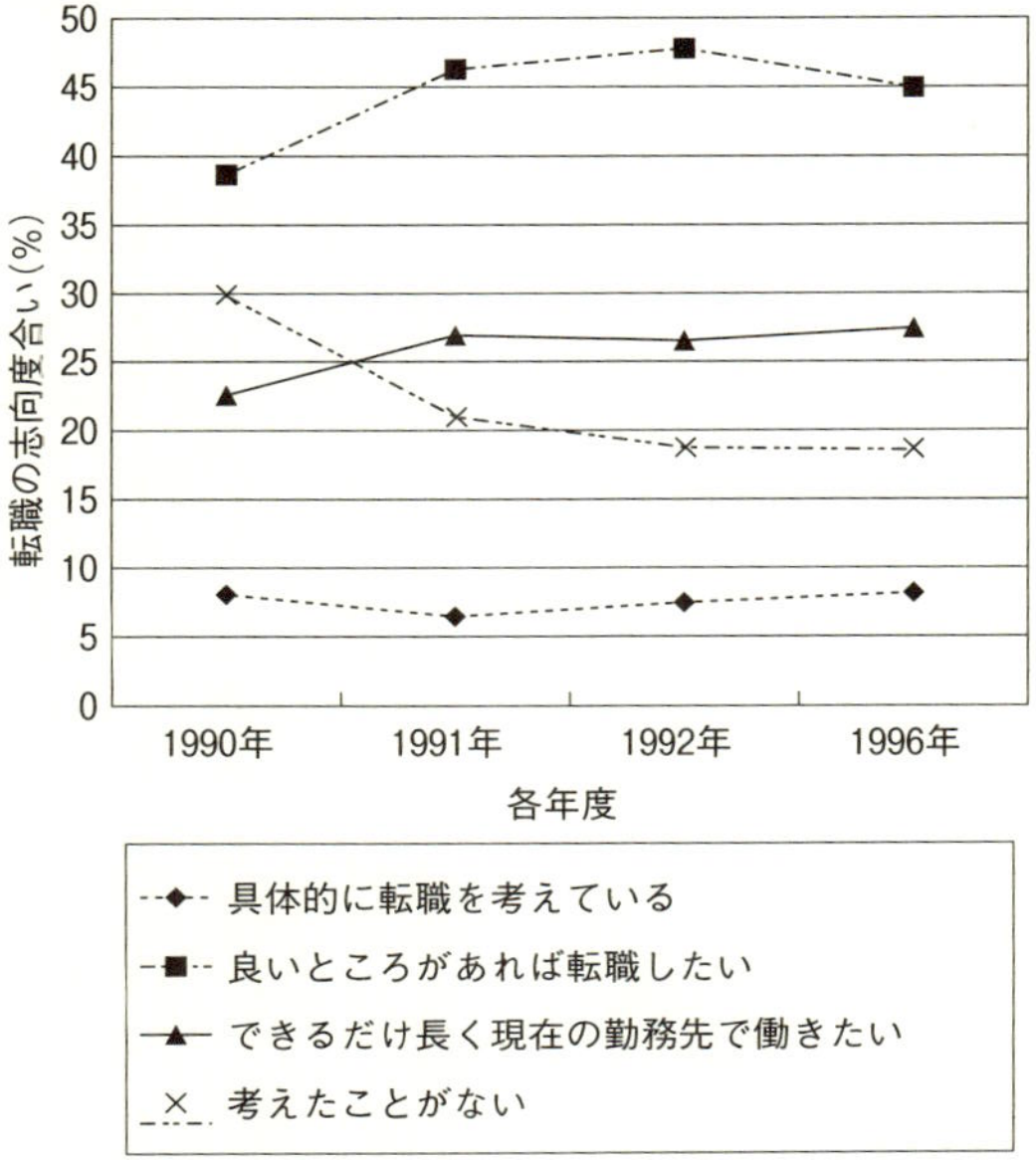

出所：「ワーキングウーマンに関する調査」リクルートリサーチ、1990－1996
掲載されたデータを基に抜粋・編集

資料４－10　ビジネスパースン（男性）の転職をしたい理由

（%）

	90年	91年	92年	95年	97年	99年
給与・昇給の待遇がよくないから	47.8	45.8	42.9	43.7	42.8	41.2
自分にあった仕事を見つけたいから	49.5	38.4	41.9	43.1	42.6	40.7
自分の能力を十分に発揮できる会社に移りたいから	42.8	31.0	41.6	42.1	41.0	36.3
会社や業界の将来に不安を感じるから	30.5	28.8	28.7	34.8	36.8	44.7
休日数・残業・勤務時間に不満があるから	35.1	25.7	21.5	22.8	24.7	25.2
いまの仕事にやりがいを感じないから	29.1	25.0	25.3	24.1	23.0	27.0
自分の意見や業績が正当に評価されないから	18.9	15.8	16.5	20.4	22.2	21.7
上司のマネジメントに不満を感じるから	24.4	21.1	17.8	20.2	20.2	24.8
キャリアアップの一環として力をつけたいから	15.6	11.5	15.4	17.5	17.8	22.6
人脈を広げたいから	20.0	7.9	15.6	17.3	14.6	12.4
昇進の可能性が薄いから	18.6	10.5	13.4	14.3	13.6	16.8
出身地・故郷に戻りたいから	10.1	10.2	11.4	9.5	9.4	4.4
同僚との人間関係がよくないから	5.8	6.3	3.9	4.9	5.3	4.4
スカウトなどの誘いがあったから	7.9	2.3	6.2	3.9	4.2	3.5
出張・転勤・異動が多いから	4.3	3.2	2.7	3.7	4.2	2.2
希望しない人事異動、出向を命じられたから	3.9	3.4	3.2	3.9	3.6	2.7
この中にあてはまるものはない	－	－	－	6.7	6.3	6.2

出所：「首都圏ビジネスマンの転職実態調査」リクルートリサーチ、1990－1997
「高齢者の雇用環境整備に関する調査研究報告書」通商産業省、1999
注　：回答は複数回答、表の中の数値は％

ヒント1　企業と個人

問題1と2から成る。問題1では、フリーエージェントは日本社会で広まるか、広まらないかを六〇〇字以内で論じることが求められている。問題2では、問題1で示した意見を、資料3・4のうち8つ以上のデータを用いて裏付けることが求められている。

資料文が二つあるが、これを丁寧に読む必要はない。この二つの資料文は単にフリーエージェント（会社などに永続的に所属するのでなく、自営業としてそれぞれのプロジェクトに参加する人。映画を作るごとにそれぞれのプロが集まるハリウッド映画のスタッフなどを考えるとわかりやすい）について説明しただけの文章だ。フリーエージェント制というのはどのようなものかさえ理解できれば、資料文に触れる必要はない。

ただし、資料3・4に「日本におけるサービス業」についての資料があるので、それを見てから問題1に取り組む必要がある。そして、裏付けできそうかどうか見当をつけてから、「フリーエージェント制は日本にも広まる」という立場と、「日本では広まらない」という立場のどちらかに決める必要がある。

なお、言うまでもなくこの課題は、終身雇用、大企業依存という「日本の近代」を改めることができるかどうかというテーマを問うた問題だ。多少ひねってはあるが、これも一つの**近代**の問題であることには違いない。

少し知識を整理すると、こう言えるだろう。

日本が経済大国になった主要な要因の一つとして**日本式経営**があげられる。日本式経営というのは、「終身雇用」と「年功序列」を基盤とする経営のスタイルだ（もともとは明治時代末、大企業や官営工場が腕のいい労働者（熟練工）を確保するために実施した方策に起源を持つ）。

欧米では、一度ある会社に入っても、すぐに条件のよりよい会社に移る傾向が強い。ところが、日本ではとりわけ戦後になって、終身雇用があたりまえになった。そして、能力的に劣っていても、歳をとるとほぼ自動的に地位や給料が上がっていった。だから人々は愛社精神を培い、会社のために働き、会社に一生面倒を見てもらおうと考えていた。こうして、みんなが会社のため、そして自分のために働いて、日本経済は繁栄したのである。

日本は個人主義に基づく欧米とは異なって、きわめて日本的な「集団の和」を尊重した企業運営をしてきたわけだ。言い換えれば、ヨーロッパ近代の企業運営に対して、日本のそれは前近代的な方法だったと言える。

ところが、**経済がグローバル化**するにしたがって状況が大きく変化した。日本の企業は外国の企業と競争しなければならなくなった。しかも、株取引にもＩＴが導入され、外国の人が日本企業の株を買ったり、日本企業の運営に参加したりするようになってきた。だが日本はあいかわらず「日本型経営」にのっとって、競争を排除し、能力の劣る人も解雇できずにいる、それが日本企業の競争力を弱めている——これが、主として一九九〇年代以降の「日本式経営」への批判であった（二〇〇八年の「世界経済危機」を機に、いまや再び反転しつつあるようにも見えるが）。

しかも、「終身雇用」や「年功序列」は**情報化社会**に合わない面がある。情報化社会では、個人の独創性や臨機応変な決断が利益をもたらす。上司にいちいちお伺いをたてていたのでは、独創的なアイデアは浮かばない。有能な人が独創性を発揮し、ＩＴで情報を仕入れ、即断してこそ利益が生まれる。そのためには、従来の日本式経営では対応できない。

そこで注目されているのが、大企業に面倒を見てもらうのではなく、自分の力で競争する方法だ。こうして、ベンチャー企業や、課題文に述べられているフリーエージェント制が注目されるようになったわけだ。個人中心で働けば競争が促進される。成功すれば個人の収入は増える。個人の能力が発揮されるシステムになる。まさしく、欧米的な考えに基づく企業形態であり、雇用形態だ。

グローバル化によって、ますますヨーロッパ近代の考えが広まり、前近代的、あるいはポストモダン的であった日本式の方法が今、変更を余儀なくされている、というように考えることができるだろう。

ヒント2

資料３・４を見ると、明らかに「日本ではフリーエージェントは広まらない」という方向のほうが書きやすいように思われるが、それではありふれた論になってしまう。あえて、「フリーエージェントは広まる」という方向で書くほうが、知性と論理力をアピールできる。

問題1を「広まる」という方向で書く場合、次のような論が可能だ。

●大企業では小回りが利かず、社会のニーズに対応できない。きめ細かくニーズに対応するには、ベンチャー企業が必要だ。多くの人が小さな企業を立ち上げて、ニーズを作り出してこそ、経済は活気づく。

●グローバル化経済のもとでは、企業の競争が熾烈になる。そうした状況に対応して、今後はフリーエージェント制に移行し、ほとんどの仕事を外部スタッフに発注して、成果に応じて報酬を支払うようになる。

逆に、「広まらない」という方向からは、たとえば「日本は個人意識が弱く、安定志向が強いので、企業への依存体質が強く、アメリカのようにはならない」という論が可能だ。

ヒント3

問題2は、問題1で示した意見を、資料3・4のうち8つ以上のデータを用いて裏付けることが求められている。問1で示した主張が正しいかどうかを検証するというスタイルで型どおりに論じればよい。

問題1で「広まらない」という方向で論じた場合には、資料は直接的に使える。日本人は安定志向が強いこと、独立に不安を持つ人が多いことが、資料3からも4からも裏付けられる。ただし、ヒント2に述べたように、これでは論としてあたりまえすぎて、高得点・高評価は望めない。無難にこの方向で書いてもよいが、「広まる」という方向で書いて冒険するほうが確実に〝ゲーム〟に勝てるだろう。

「広まる」という方向で論じた場合には、資料を深読みする必要がある。

確かに資料は、日本人の過半数が、独立するよりも企業に勤めることを選んでいることを示している。だが、一〇パーセントか二〇パーセントの人がフリーエージェントになれば、現代日本で十分に「フリーエージェントが広まった」といえるはずだ。そのことを頭に入れて、堂々とこの方向で論じるほうが、新しい社会を築こうとするSFCの理念にも合致することになる。

解答例

［問題1］

私は日本でもフリーエージェント制が広まると考える。

確かに、日本人は独立心が弱く、自立して企業を立ち上げようという意識を持つ人が少ない。集団を作って、みんなで同じ行動を取ろうとする。したがって、これからも従来の会社のあり方が続き、フリーエージェント制は定着しないだろうという見方もあろう。しかし、これまでの方法では日本は経済的に立ち行かなくなる。これからは、フリーエージェント制の普及によって日本経済を活性化させる必要がある。

グローバル化経済のもとでは小回りの利く企業が求められる。大企業の多くは、実際には戦力になっていない人員や無駄な設備を擁している。社会に新しいニーズが生まれても、大企業は既存の組織に縛られて機敏に対応できない。また、抱える人数が多いので、大きな収入のある仕事でないと実行しにくい。小さな企業であれば、少ないニーズにも柔軟かつ迅速に対応できる。産業構造の変化する現在、小回りの利く企業が必要となる。このように、従来の日本の大企業の欠点を克服するシステムとして、今後は日本にもフリーエージェント制が広まっていくだろう。そうしなければ、日本経済はいつまでも停滞を続けることになるだろう。

以上述べたとおり、これからは日本でもフリーエージェント制が広まると、私は考える。

［問題2］ **パターンA** **問題1で「広まる」という方向で論じた場合**

日本でもフリーエージェント制が広まることは、資料からも読み取ることができる。

確かに、資料によれば、日本人の過半数が、独立するよりも企業に勤めることを選んでいるように見える。資料3では、転職希望者のうち事業を起こしたい人は減少傾向にあり、最も働き盛りの三十代、四十代の非農林業の自営業者が減少していること、そして、日本の自営業者がほかの国に比べて増えていないことが明らかだ。とはいえ、フリーエージェントが広まることは、日本の労働者の大多数が独立することを意味しない。たとえ労働者の二〇パーセントでもフリーエージェント制を選択すれば、日本にもフリーエージェント制が広まったといえるだろう。その意味で、私は日本にもフリーエージェント制が広まる可能性が、ここから読み取れると考える。

資料4―1、4―2から、三十歳前後の人が男女ともに独立志向を持っていること、とりわけ男性の場合は、独立したい人が独立したくない人を上回っていることがわかる。また、4-4は様々な事業所でパートタイム労働者が増えていることを示している。そして4-6は、九四年以降、定年まで働きたい大卒男子の数が減り、転職や独立を考える人の方が上回っていること、4-7からは、大卒女子の場合、転職か独立を考える人のほうがずっと多いことを示す。4-8、4-9から、終身雇用が減り、就職する人も転職意識が強いことがわかる。また4-10からは、多くの人が会社の将来に不安を感じて転職を考えていることがわかる。これだけの数の人が、消極的理由による人も含めて、終身雇用を捨てて転職を求めており、フリーになることを考慮している人も多いことを考えれば、日本にも十分にフリーエージェント制が定着する素地はあると考えられる。

このように、私はフリーエージェント制が日本に広まることが資料から確められると判断する。

[問題2] パターンB　問題1で「広まらない」という方向で論じた場合

日本ではフリーエージェント制が広まらないことは、資料からも読み取ることができる。

確かに、資料4-1、4-2から、三十歳前後の人が男女ともに独立志向を持っていることがわかる。また、4-4、4-6、4-7、4-8、4-9から、パートタイム労働者が増えて終身雇用が減り、就職する人も転職意識が強いことがわかる。その意味では日本でもフリーエージェント制が以前より広がりつつあるとはいえるだろう。しかし、まだまだそれは少数派であると考えられる。資料は、日本人の過半数が、独立するよりも企業に勤めることを選んでいることを示している。資料3の図1では、転職希望者のうち事業を起こしたい人は、むしろ一九七九年に比べて徐々に減少傾向にあることがわかる。図2でも、最も働き盛りの三十代、四十代の非農林業の自営業者が減少していることが明らかになっている。図3では、日本の自営業者がほかの国に比べて増えていないことが示されている。また資料4-1、4-2、4-3からも、独立してみたいと考えている人は、全体から見れば少数派であることがわかる。特に4-3からは、多くの人が独立しても収入が安定しないことやノウハウがないことを理由に独立には消極的であることがわかる。さらに資料4-8、4-9からも、具体的に転職を考えている人は少数派で、しかもそのような人が増えているという顕著な傾向は現れていない。かりにフリーエージェント制が今よりも広まったとしても、一般の労働者に比べてフリーエージェントを選ぶ人のほうが多くなるとは限らない。その意味で、これらの資料からは、日本にはフリーエージェント制が広まる十分な素地がないことが読み取れると考える。

　このように、私はフリーエージェント制が日本に広まらないことが資料から確められると判断する。

キーワード：戦争と文学

●慶應文学部の問題で「人間と社会」の関わりを考えよう

二〇〇七年度　慶應大学文学部入試問題

現代思想に関心がある、という人にぜひ考えてみてほしいのが、慶應大学文学部の入試問題だ。

この学部は、現代人の精神や現代の文化のあり方を取り上げ、まさしく〈知の基層〉を問おうとする。人間と社会の関わり、言語の意義、他者の存在の意味、西洋文化受容のあり方、理解するということの意味など、ものごとの根源に遡って思索させるような問題を出す。

しかも、「思想」についても「文学」や「哲学」についても特に知識は必要ない。年度によって課題文が難解なこともあるが、ここ数年は理解しやすい文章を使った良問である。課題文をじっくり読めば、「なるほど、こんな考え方があるのか」と感心することにもなるだろう。

つぎの文章を読んで、設問に答えなさい。

一九四八年七月、イスラエル軍に占領されたパレスチナ人の町リッダでは、住民一万人以上が追放された。炎天下、ヨルダン領となった西岸を目指して歩く人々。体力のない子どもたちが次々に倒れ、道には子どもたちの無数の遺体が残されたという。乾きを癒そうとする人々が井戸に殺到し、内臓を踏みつけられて死んだ子ども、井戸に落ちておぼれ死んだ子どももいた。私たちは、その子らのことを知らない――

一五年にわたる内戦から解放されて一六年、かつて「中東のパリ」と謳われた面影を少しずつ取り戻しつつあったベイルートの街は今、イスラエルの猛爆により再び、瓦礫と化そうとしている。死者・行方不明者はすでに千人を越えた。かつてサルトル[1]は、アフリカで子どもが飢えているとき文学に何ができるかと問うたが、では、イスラエルの空爆下で今、レバノンの人々が殺されているとき、文学にいったい何ができるのか？

詩人の黒田喜夫[2]はひもじさを忘れるために文学作品を貪り読んだという。だから彼は、文学をめぐるサルトルの問いを知ったとき、サルトルがなぜそう問うのか理解できなかった。黒田にとって答えはあまりに明白だったからだ。――文学とは飢えた者のためにこそある。

この逸話はサルトルの問いに孕まれたある種のエスノセントリズム（注1）――ないしはオリエンタリズム（注2）――を明らかにしてくれる。その問いが無条件に前提としているのは――そしてその前提は、この問いを契機に開催されたシンポジウムに参加した文学者らによっても共有されていた――、文学作品を享受するのは「われわれ」であって、決して「彼ら」ではないということ。「彼ら」は、その飢餓の現実が作品で描かれ、「われわれ」による救済の対象となることはあっても（それゆえに文学は無力ではないとする応答もあった）、「彼ら」もまた文学の享受者となること、言いかえれば、彼ら自身にとって文学がいかなる意味をもつかは、そこではまったく問われてはいなかったように思う。

文学作品、とりわけ小説を著すことが平時にのみ可能な特権的営みであることは否めないとしても、非常事態を生きる者たちにとって必要なのはあくまでも空腹を満たすパン、あるいはつつがなく生きる平和であって文学などではないと、もし考えるとしたら、文学とは平時を生きる者のみに意味あるもの、彼らだけが堪能することを許された奢侈品ということになりはしまいか。だからこそ、アフリカで子どもが飢えているときに文学に何ができるかという問いは、おそらくサルトル自身の思いとは別の意味で、文学の本質にかかわる問いなのであり、だからこそ、①包囲されたサラエヴォで『ゴドーを待ちながら』（注3）を上演することは紛れもなく、その問いに対する一つの、根源的な応答にほかならなかった。

二〇〇二年四月、イスラエル軍の大侵攻に見舞われたヨルダン川西岸地区、ベツレヘムの街は依然、重度の外出禁止令が敷かれ、人々は何週間にもわたり自宅で囚人と化していた。訪問したあるお宅で二〇代半ばの娘さんが語った言葉――来る日も来る日も家に閉じ込められて、気が変になりそうです。本を読んだりして、なんとか気を紛らわしています……。バルコニーに出ただけでイスラエルの狙撃兵に頭を撃ち抜かれる。日常それ自体が狂気と化した情況のなかで、だからこそ、本を読むことが希求されていた。いつにも増して、何にも

注1　サルトル　一九〇五－八〇。フランスの作家・哲学者。第二次大戦後を代表する知識人。

注2　黒田喜夫（くろだ・きお）　一九二六－一九八四。詩人。プロレタリア詩と前衛詩を結合させ、日本戦後詩の極北を示す。『死にいたる飢餓　評論集』（国文社、一九六五）、『黒田喜夫全詩』（思潮社、一九八五）など。

増して切実に、生き延びるために（果たして私はこれまで、そのときの彼女ほど切実に、本を読んだことがあるだろうか……）。人間にとって文学が真に生きる糧となるのは、平時を平時として生きる者たちにおいてなのではなく、私たちにとっての例外的情況を日常として生きるこれらの者たちにおいてなのではないか。

イスラエル軍侵攻下のガザを舞台にした、ヨルダン在住のパレスチナ人作家イブラーヒーム・ナスラッラーの小説『アーミナの縁結び』が描くのもまさしくそのことだ。肉親が、友人が、隣人が、毎日のように殺されていくなかで、アーミナは愛する者たちの縁結びに奔走する。アーミナの縁談に困惑する隣人の娘。アーミナは言う、「今は結婚式などしている場合じゃないと言いたいのでしょう、でも、いったいいつまで待てばいいの？今だからこそ、私たちは結婚して、子どもを創らなくちゃいけないのよ。」だが、娘が困惑するのは、アーミナが娶《めあ》わせようとしている自分の姉もアーミナの息子もすでに殺され、この世にはいないからだ。愛する者を次々に奪われてゆくという暴力のなかでアーミナはいつしか精神に失調をきたしており、彼女が夢想する縁結び——死者たちのそれ——は、狂気ゆえのことであることが作品を読み進むうちに明らかになる。

大切な人々が、彼らの命など何の価値もないかのように、狙撃兵の銃弾一つで命を奪われてゆく。そんな非常事態のさなかに縁結びという営みは——小説を読むことと同様に——、一見、はなはだ場違いに見える。しかし、だからこそ彼女は、彼ら一人ひとりが暴力的に奪われた人間としての幸せな未来を夢想してやまない。それは、人間性を一顧だにされず殺されていった者たちに、人間としての尊厳を回復する営みであり、まさにこの点においてアーミナの「縁結び」とは「文学」の謂い（注4）、カズオ・イシグロ[3]の『わたしを離さないで』において「ヘールシャム」（注5）の教師たちが、あらかじめ人間らしく生きることを禁じられた子どもたちに与えようとしたものの謂いにほかならない。人間らしく生きることを否定されているからこそ、アーミナの愛する者たちは「縁結び」を必要とし、私たちにとっての例外的情況を日常として生きる者たちは、それゆえにこそ、ほかの誰にも増して文学を必要としているのだ。アーミナが生きているかぎり、彼女の狂気を帯びた縁結びへの情熱は、その死を誰にも記憶されることなく死んでいった者たちの人間としての尊厳を担保し続けるのである。②「アーミナの縁結び」も「ヘールシャム」も、アウシュヴィッツ、そしてヒロシマへの応答でもある。

だからこそ、今、レバノンで人々がイスラエルの猛爆にさらされているとき、文学に何ができるのかという問いは、中東研究者やアラブ文学研究者だけではない、およそ文学にかかわる者すべてに問われていることなのだと思う。文学こそが、ヨルダンへの途上、井戸に落ちて死んだ名も知れない難民の子どもが、井戸の底から最期に目にした七月の空の青さを語るだろう。「コラテラル・ダメージ（やむを得ない犠牲）」の一言で人間の死が正当化されるなかで、文学とはまさしく「戦争」の対義語なのである。

【出典】岡真理[4]「『戦争』の対義語としての文学」（初出：『思想』二〇〇六年第九号）

注3　カズオ・イシグロ（石黒一雄）一九五四生。日本生まれの英国籍作家。一九八九年長篇『日の名残り』（ハヤカワepi文庫、二〇〇一）でイギリスで最も権威ある文学賞ブッカー賞を受賞、J・アイボリー監督で映画化もされた。課題文で言及されている『わたしを離さないで』もハヤカワepi文庫（二〇〇八）で読める。

注4　岡真理（おか・まり）一九六〇生。京都大学大学院人間・環境学研究科准教授。専門は現代アラブ文学、第三世界フェミニズム思想。著書に『記憶／物語』（岩波書店、二〇〇〇）など、共訳書にE・サイード『イスラム報道』（増補版、みすず書房、二〇〇三）など。

出題者注

（注1）エスノセントリズム：自民族中心主義。
（注2）オリエンタリズム：オリエントに後進的イメージを押しつける西洋の自己中心的な思考様式。
（注3）『ゴドーを待ちながら』：サミュエル・ベケットの戯曲。
（注4）謂い：意味するもの。意味すること。
（注5）「ヘールシャム」：カズオ・イシグロの小説『わたしを離さないで』の舞台となる、子どもたちのための施設の名前。

［設問Ⅰ］筆者は、「包囲されたサラエヴォで『ゴドーを待ちながら』を上演すること」をサルトルの「アフリカで子どもが飢えているときに文学に何ができるか」という問いに対する「一つの、根源的な応答にほかならなかった」と考えている（傍線部①）。それはどのような理由によるのか、一八〇字以上二〇〇字以内で説明しなさい。

［設問Ⅱ］第二次世界大戦時にみずからのユダヤ的出自のゆえに亡命を余儀なくされたドイツ人哲学者テオドール・アドルノは、みずからの体験と多くのユダヤ人を襲ったはるかに苛酷な運命をふまえて、「アウシュヴィッツの後で詩を書くことは野蛮である」と述べた。これとは対照的に、筆者は「「アーミナの縁結び」も「ヘールシャム」も、アウシュヴィッツ、そしてヒロシマへの応答でもある」（傍線部②）と述べている。両者をふまえて、文学は「「戦争」の対義語」たりうるかについて、四八〇字以上五二〇字以内であなたの考えを述べなさい。

ヒント1

課題文は難しくない。簡単にまとめると、次のようになるだろう。

かつて、「戦争や飢えで人が殺されているときに文学に何ができるのか」という問題が議論された。だがその議論では、戦争や飢えの当事者自身が文学の享受者になることは考慮されていなかった。しかし、「戦場で文学に何ができるか」ということこそ、文学の本質に関わるより根源的な問題だ。文学こそが、日常が狂気と化した情況のなかで生き延びる糧として切実に求められるものなのではないか。ナスラッラー作の小説『ア

注5　オリエンタリズム　課題文の注2の語義は、パレスチナ出身のアメリカ人文学研究者エドワード・W・サイード（一九三五－二〇〇三）が一九七八年の著書『オリエンタリズム』（邦訳　今沢紀子訳、一九八六／平凡社ライブラリー、上・下巻、一九九三）で提示した概念による。もともとオリエンタリズムとは「東方趣味」といった意味合いで、特に美術の世界において、非ヨーロッパ圏の事物・風俗を憧憬や好奇心をもって表現する形式を指していた。しかしサイードの研究によって、課題文の注にあるような今日的な意味がこの言葉に与えられたのである。

注6　サミュエル・ベケット（Samuel Beckett）一九〇六－八九。アイルランド出身のフランスの劇作家・小説家・詩人。不条理演劇の代表的作家。『ゴドーを待ちながら』の最初の出版は一九五二年（邦訳　安藤信也・高橋康也訳、白水社、一九九〇）。

注7　テオドール・アドルノ（Theodor Ludwig Wiesengrund Adorno）一九〇三－六九。フランクフルト学派（マルクス主義、批判理論による社会理論・社会哲学などが特徴）を代表する思想家であり、社会学者・音楽評論家・作曲家でもあった。ナチスに協力した一般人の心理的傾向を研究した社会心理学の実績でも名高い。『否定弁証法』（木田元・三島憲一他訳、作品社、一九九六）など。

ーミナの縁結び』では、戦争の中で人間らしく生きていくことを禁じられているからこそ、人間の尊厳を取り戻すために文学を必要とする様子が描かれている。文学は戦争の対義語なのである。

ヒント2

設問Ⅰは、難しく考える必要はない。「文学に何ができるか」という問題のなかでも、「文学が、戦場にいる当事者に対して何ができるか」という問いこそが最も根源的だという筆者の主張を、課題文に即して説明すればよい。

設問Ⅱは、哲学者アドルノの述べた「アウシュヴィッツの後で詩を書くことは野蛮である」という言葉、またそれと対照的な課題文の筆者の意見（ナスラッラーとイシグロの作品中のモチーフが、アウシュヴィッツやヒロシマへの応答であるという意見）をふまえたうえで、「文学は戦争の対義語たりうるか」を論じることを求めている。

一見すると少しこみいった問題に見えるが、要するに、「ユダヤ人大虐殺やヒロシマの原爆など世界では悲惨な事態が起きているのに、のんびりと文学を味わうなどというのは罪だ」と考えるか、それとも「戦場で苦しんでいる人が人間の尊厳を取り戻すためには、文学こそが必要だ。文学は、人間の死が正当化される戦争とはまったく逆の価値観に基づくものだからだ」と考えるか、ということだ。

ヒント3　戦争と文学

「文学は戦争の対義語たりうる」という立場で答える場合には、次のような論旨が考えられる。

●文学の役割は、苦しむ人に生きる喜びを与え、アイデンティティを明らかにする手助けとなることだ。また、平和な日常を失った人に、希望のある未来を空想させるものだ。だから、文学は戦争の対義語となりうる。

●文学は言葉を用いて人間や社会を理解しようとする試みであり、人間や社会を破壊しようとする戦争とは対立するものだ。

「対義語たりえない」とする場合には、たとえば次のようになるだろう。

●文学は、希望や生きがいを与えるものばかりとは限らない。時にはそれらを否定する文学もある。文学をこうあるべきだと決めつけるのは、むしろ非文学的だ。人間の希望や生きがいを破壊する可能性を含むかぎり、文学は戦争の対義語とはなりえない。

●文学というのは基本的に平和時のものである。何かが起こった後でそれを意味づけ、整理するのが文学の役割である。戦場の当事者にとって、文学は無意味だ。殺し合いがなされている中では、まず殺戮をなくす活動を行うべきであって、そのような非常時に文学を味わうのは無責任で非人道的な行為だ。

解答例

［設問Ⅰ］

「文学に何ができるか」という問いは従来、文学とは戦争や飢餓の当事者でない者が享受するものだということを前提としていた。だが、文学は平和な場所にいる者だけの奢侈品ではない。戦争という例外的情況にいる人々こそ、生きる糧として文学を切実に必要としている。それゆえ、サラエヴォの事例が示しているように「文学は戦争の当事者に対して何ができるか」という問いこそが、文学の本質に関わるより根源的な問題だからである。

［設問Ⅱ］

文学は戦争の対義語たりうるのだろうか。つまり、戦争の渦中にいる人間に対して、文学は生きる糧となりうるのだろうか。

確かに、文学と一口に言っても様々なものがある。すべてが社会を肯定し建設的な方向を指し示す内容とは限らない。戦争を肯定する作品もあれば、反社会的な作品もある。文学を一律に「人間や社会に希望を与えるもの」と考えるのは、それこそ非文学的な思考だ。とはいえ、反社会的な作品も含めて、文学は戦争の対義語となり、戦争の渦中にある人間の糧となりうると私は考える。

文学は言葉を用いて人間や社会を理解しようとする営みである。時に反社会的な言葉やテーマが用いられたとしても、その目的は、言葉と思索によって人間の生き方や社会のあり方を問い、模索することである。その点で、人間や社会を破壊する戦争とは対立する営みだということは間違いない。したがって、戦争の渦中にあって、多くの人々が自分の生き方や社会のあり方について指針をなくし、理性を失いつつあるときにこそ、文学は有効である。文学の命脈が保たれた社会であれば、人々がパニックに陥ったり虐殺が起こったりすることはないはずである。

以上述べたとおり、私は、文学は戦争の対義語たりうると考える。

2

東大の小論文——知的総合力の腕試し

キーワード：笑い

●知識・教養・論理力を試す典型問題

二〇〇三年度　東京大学文Ⅲ入試問題

2章で解説したとおり、東大は二〇〇八年度から後期試験の方式が大幅に変わり、小論文は理系・文系共通の「総合科目Ⅲ」として出題される。変更から日が浅いため、現段階では傾向を確定的に述べることが難しい。ただ、東大の、〈知の基層〉を問うオーソドックスな方向性そのものはさほど変わらないはずだ。

そこで本書では、旧システム下での入試問題ではあるが、東大の典型的良問として、文Ⅲの二〇〇三年度入試問題を掲げておく。知識・教養・論理力を試す絶好の素材だ。多少苦労してもそれなりのものが書ければ、かなりの知識・教養・論理力が身についていると考えていい。手も足も出なければ、もう少し基層の知識を蓄える必要がある。

［問題］

次の【A】、【B】、【C】の三つの文章は、「笑い」「おかしさ」「滑稽」について論じたものである。【D】、【E】をも参照しながら、これらの文章が問題にしていることを整理し、その上で、そうした問題についてあなた自身の観点から自由に論じなさい（二四〇〇字以内）。

【A】

次にこれに劣らず注意に値する一つの徴候として、通常、笑いに伴う無感動というものを指摘したい。滑稽は、極めて平静な、極めて取り乱さない精神の表面に落ちてくるという条件においてでなければ、その揺り動かす効果を生み出しえないもののようである。われ関せずがその本来の環境である。笑いには情緒より以上の大敵はない。例えば憐憫とかあるいは更に愛情をさえ我々に呼び起こす人物を我々が笑いえないと言おうとするのではない。ただその時でも数刻の間はこの愛情を忘れ、この憐憫を沈黙させなければならぬのである。純粋な理智の人たちの社会においては、人は多分もはや泣くということはないであろう。だが、依然として恐らく笑うことはあるであろう。一方、常に物に感じ易く、生の合唱に調子が合っており、あらゆる事件が感情的な共鳴を伴うようになっている心の人びとは、笑いを知ることもなければ、理解することもないであろう。試みに、ほんのひととき、人のいうことなすことに全く心を使うようにし、想像のうちで、行為している人びとと一緒になって行為し、感じている人びとと一緒になって感じてみたまえ、つまり諸君の共感にその最も広い拡がりを与えてみたまえ。魔法の杖にひとふりやられたかのように、諸君はいとも軽いものでも重くなり、そしてすべてのものに厳粛な色がつくのを見るであろう。次に、引き離れてみたまえ、われ関せずの見物人となって生に臨んでみたまえ。多くのドラマは喜劇に変ずるであろう。ダンスしている人びとが我々に直ぐさま馬鹿らしく見えるためには、ダンスが行われているサロンの中で、音楽の音《ね》に我々の耳を塞ぎさえすれば十分である。どれだけの人間の行為が果してこういった種類の試練に持ちこたえるであろうか。そして、それらのうちの多くが、それに伴う感情の音楽から引き離されたとき、突然厳粛から笑いごとに移るのを我々は見ないであろうか。滑稽というものは、だから、つまりその効果をすっかりあらわすためには、瞬間的な心臓麻痺のようなものを要するのだ。それは純粋理智に呼びかけるものである。

（アンリ・ベルクソン[1]『笑い』林達夫[2]訳より）

【B】

一九六一年に出版されたマリー・コリンズ・スウェイビーの著書には、滑稽なものという哲学的問題に関する最上の定式化のひとつを見ることができる。そもそも笑いとは何なのかということと、笑いを刺激する生理的・心理的・社会的環境とを区別することが重要だと、彼女は強調する。言いかえれば、笑いの時間的・空間的位置があまりに相対的であるという理由で笑いの本質に関する哲学的探究を放棄することを、彼女は拒否するわけである。ベルクソンとおなじように、笑いは知性に何の満足もあたえないたんなる感情表現などというものではないと、彼女は主張する。そんなものではない、滑稽なものは個性ある認識であり、それにはものごとの理解を高める力がそなわっている、と彼女は主張するのだ。そのことをはっきりさせるために、スウェイビーは自分の言う「滑稽な笑い」をそれ以外の笑いから区別する。たとえばひとは、くすぐられて笑ったり、うれしくなって笑ったり、当惑して笑ったりする。このようなかたちの笑いには、スウェイビーはまったく関心がない。彼女が明らかにしたいと思うのは、何かをおかしいと感じることでひきおこされる特徴的な笑い——ほかのどの笑いともちがう滑稽の笑い——である。するとまさに、こうして滑稽なものがもたらす知的あるいは認識上の貢献とは何なのかというのが問題になってくる。

滑稽なものの本質がズレにあることは十八世紀以来広く認められてきた、と彼女はのべる。だが、このズレなるものをどう定義するか（つまり何と何のあいだのズレなのかということ）でさまざまな見解があるうえ、さらに重要なのは、ズレはただ主観的に知覚されるものなのか、それとも客観的対象の性格なのかという問題についても、さまざまな見解があることである。スウェイビーは断固として後者の見方を支持する。現実のうちに存在するある特定の事物が滑稽だという知覚は、現実に対する一般的なものの見方を背景として生まれてくる。その事物は、暗黙のうちに滑稽ならざるものと認められている現実という背景と対照されることで、はじめて滑稽なものとして知覚されるのだ。（スウェイビーの意図に反しないことを願いつつ）これを次のように言いなおすことができるであろう。すなわち、滑稽さの知覚とはものごとの全体的秩序からは﹅ず﹅れ﹅たものの知覚である、と。また、こうも言える。何かがズ﹅レ﹅て﹅い﹅る﹅と言うためには、その前提としてズ﹅レ﹅て﹅い﹅な﹅い﹅ものが

注1　アンリ・ベルクソン（Henri Bergson）一八五九 - 一九四一。フランスの哲学者。第二次大戦下ではナチスの提供する特権を拒み、清貧のうちに没した。代表作に『時間と自由』（一八八九）、『物質と記憶』（一八九六）など。課題文の『笑い』は岩波文庫で読める。

注2　林達夫（はやし・たつお）一八九六 - 一九八四。両大戦間～戦後を通じ、反戦と自由主義を貫いた日本の代表的知識人。京都帝大哲学科修了。西洋文化研究、とくにルネサンスの美術、科学技術、人文主義をとりあげた研究で名高い。

に関する観念がなければならない、と。かくして、滑稽さの知覚は現実に秩序をあたえたいという人間の根源的な欲求に根づく（寄生する、と言ってもよい）ものである。滑稽の笑いは、いわば一オクターブ下げた哲学的本能なのである。

（ピーター・L・バーガー[3]『癒しとしての笑い』森下伸也訳より）

【C】

われわれの注視は、知覚対象の意味によって多かれ少なかれ規定され、誘導されている。地と図の区分など、生きられた意味了解がわれわれの眼球運動をある程度支配することは、よく知られている。対象の意味は、われわれの注視に対して、ある予期や期待の地平を与えているし、またわれわれの行動に対しても、あるパタン化された準備を要求する。われわれの日常生活の多くの事柄の意味は、このような習慣的に規定された機能とパタン化された期待によって組み立てられ、ほぼ一義的に固定されている。それゆえ、そこには、解釈の自由の余地は、思いのほか少ないのが常である。

おかしさとは、多くの場合かかる一義的な意味の秩序の逆転や揺るがしによって、突然自由のひろがりを啓示するものではないだろうか？　「おもしろい」という言葉の原義は、目の前がぱっと開けて明るくなる感じを表わすといわれている（三省堂『大辞林』による）。つまり、これまで一義的意味秩序のもとで、決まり切った筋道しか見えず、状況を閉塞的に固定化された期待の地平でしかとらえていなかったところに、突然その意味の秩序が崩れ、あるいは揺らぐか軋むかして、その隙間から一挙に、思っても見なかった意味や可能性が目の前にひろがること――それを指しておもしろいというのである。

ある図形が突然反転図形として見えはじめるとき、人々は確かにおもしろさを感ずるだろう。しかし、それはあまり笑いを誘発することはない。そこに期待の地平の変貌や多様な意味解釈の可能性の発見はあっても、緊張の解放がないからである。

しかるに、これまでの一義的意味秩序が強制的・権力的な緊張を強いることによって保持されているような場合、この秩序の崩壊や劇的変貌は、突然の緊張の解放という構造的特徴を帯びることによって、しばしば笑いを誘発するであろう。

どこかのコラムにあった、次のような小咄はどうだろうか？　――地下鉄に乗っていて、ひとりの外国人に出くわした。彼は日本語の学習をしているようで、ノートに「青 = red」と書いているのである。それをたまたま見たある青年が、親切にもその誤りを正そうとして「青ではなく、赤が red だ」と教えようとする。これだけなら笑い話にはならないが、その外国人が青年の red の発音を聞きとがめ、何度もそれを正そうとしたとなると、そこに笑いを伴ったおかしみが現われるだろう。

このおかしさは、たぶん、〈教える―教えられる〉という秩序が一瞬に逆転する点、しかも、はじめの場面での外国人の誤りと、あとの段での日本人の発音上の誤りとの対応が、みごとな反復となって現われている点にある。前半と後半の同型性があるために、教える立場と教えられる立場がきれいに反転する。しかしこの場合、単なる反転図形の場合と違って笑いにつながるのは、〈教える〉ことのなかにめだたない形で含まれている、

注3　ピーター・L・バーガー（Peter L. Berger）一九二九生。社会学者。「現象学的知識社会学」を標榜し、日常的な知識（常識）もまた、社会によって規定されているとする。課題文出典は新曜社、一九九九年。

ある種の優越やうぬぼれ、そしてつまりは、権力の強制につきまとう緊張があるからではないだろうか？

（田島正樹[4]『魂の美と幸い』より）

【D】

機転

「おい、メアリー、赤ん坊がマッチを呑みこんじゃったぞ」

「じゃあ、このライターを使いなさいな」

（植松黎編・訳『ポケット・ジョーク5』より）

【E】

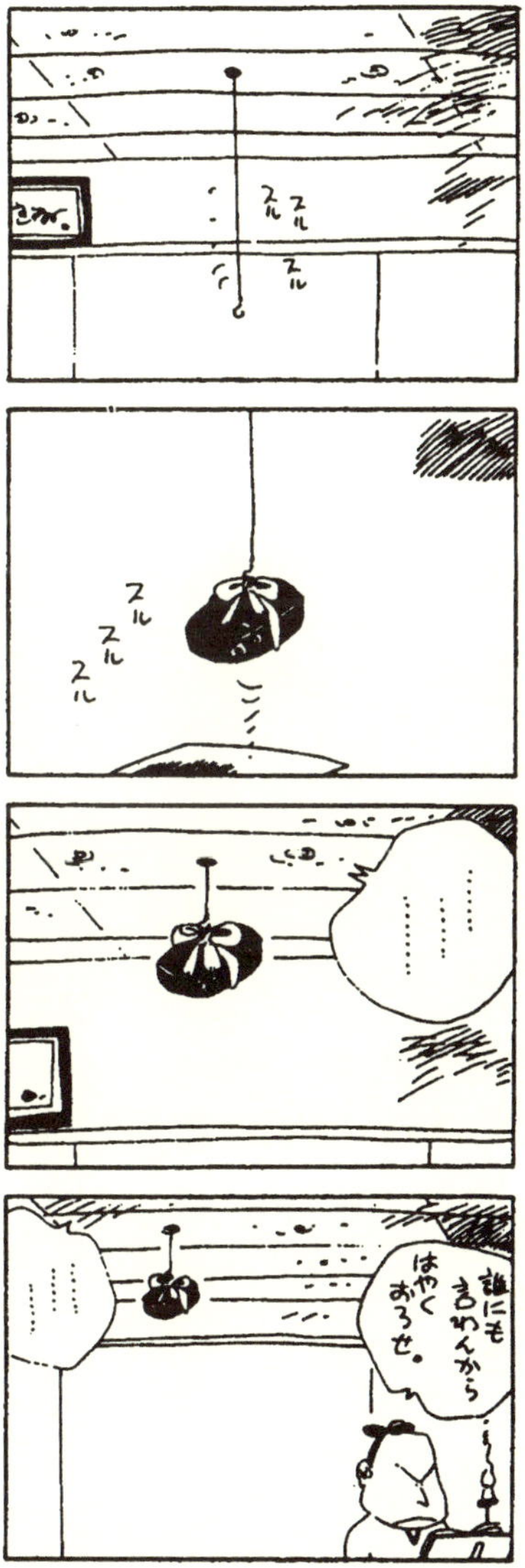

（いしいひさいち『いしいひさいち選集5』より）

注4　田島正樹（たじま・まさき）　一九五〇生。千葉大学教授。言語哲学的アプローチによって形而上学の諸問題を考えることをテーマとしている。『読む哲学事典』（講談社新書、二〇〇六）など。課題文出典は春秋社、一九九八年。

ヒント1

A～Cの三つの文章は、それぞれ「笑い」「おかしさ」「滑稽」について論じている。Aの文章はベルクソンの有名な文章で、一言で言えば「愛情や憐憫などの情緒から引き離されたときに笑いが起こる。笑いは純粋理性に呼びかけるものだ」と語る。Bの文章は、スウェイビーの「笑いは感情的表現ではなく、理性的な認識だ。滑稽なものの本質はズレにある。滑稽さの知覚とは、ものごとの全体的秩序を認識した上で、そこから外れたものを知覚することである」という意見を紹介している。Cの文章は、「われわれはパタン化された意味の中で生きている。そのような一義的な意味の秩序が揺らいだとき、おかしみがおこる。だから、おかしみは一義的な意味から逃れて、思ってもいなかった意味が開かれるときに現れるものだ。特にその一義的な意味が強制的、権力的な場合に、緊張から解放されて、おかしみがおこる」とまとめられる。

この三つの文章のほか、DとEに笑いの二つの実例が示されている。Dはジョークの例で、「赤ん坊がマッチを呑み込んでしまった」という、赤ん坊の健康を心配しての夫の言葉に対して、赤ん坊より夫の不便に対応する妻のズレた答えが笑いをもたらす。Eは、忍者（あるいは盗人）が侍から何かを盗もうとしているが、天井の穴が小さくて荷物が通らずに困っていると、実はお見通しだった侍にからかわれる、というシーンを示す四コマ漫画。

これらを読んで、「笑い」「おかしさ」「滑稽」などについて自由に論じることが求められている。

それぞれが扱っているのは、「笑い」「おかしさ」「滑稽」であって、厳密に言うと少し表現が異なるわけだが、基本的には、どの文章も「笑い」を論じていると考えてよい。

したがって、まずは、三つの文章は共通しているのか、それとも対立しているのかを考える必要がある。複数の文章のメインテーマが共通するときには、それが正しいかどうかを検証するのが原則だ。対立している時には、自分がどの意見を支持するかを論じる。

ヒント2　笑い

A～Cの三つの文章は、「笑いは理性的」という点で共通しているといえるだろう。Aは「笑いは純粋理性に呼びかけるものだ」と語り、Bは「笑いは感情的表現ではなく、理性的な認識だ」という。Cは「おかしみは一義的な意味から逃れて、思ってもいなかった意味が開かれるときに現れるものだ」と語っている。いずれも、笑いが「認識」によるものだと捉えている。

したがって、最も正攻法なのは、三つの文章に共通する主題として「笑いは理性的なものなのか」を論じるやり方だ。そうしたことを具体例をあげて説明するとよい。

ところで、ここにも少し**近代**の問題が現れている。笑いを理性的なものと捉えるのは、きわめて近代的、西洋的な考え方と言えるだろう。したがって、これら三つの文章のテーマに賛成して、「笑いは理性的だ」と述べるなら、理性重視の立場ということになる。それを踏まえて考えると、論が深まることになる。

もし正攻法で論じられないような場合は、三つの文章はそれぞれ少しずつ笑いの分析において主張が異なるので、三つの文章のどれに賛成かを考えてもよい。あるいは、「自由に論じなさい」とあるので、すべての文章に反対して、「そもそも笑いとは何なのか」を考えてもよい。

ヒント3

「笑いは理性的だ」という立場からは、以下のような論が可能だ。

●笑いは、ふだん信じていることを、別の見方によって覆されたときに起こる。別の見方を示され、即座に「考えてみれば、それにも一理ある」と考えて笑うのだ。その意味で、笑いはものごとを理性的に理解するとき生まれる。

●笑いは客観視する人間がいて、はじめて生まれる。おならを一人でしても、おかしくない。現状にどっぷり浸かっているからだ。ところが、横に客観的に見る人間がいると、見る人も当事者もおかしさを感じる。つまり、現状を相対化して、冷静な視線が生じるからだ。このように、ものごとにどっぷり浸からずに冷静な視線が入ってきたときに笑いが生じる。その意味で、冷静かつ理性的にものごとを考えてこそ笑いが生じるといえる。

「笑いは理性的ではない」という立場からは、次のような論が可能だ。

●笑いとは、理性の領域から感情がはみ出したときに起こる現象だ。理性で現象のすべてを捉えることはできない。理性によって捉えられるのは、つじつまの合ったごく一部の現象でしかない。それ以外の現象は、笑いと感動の領域にある。

●笑いは、生活の効率から離れ、人間の愚かさ、人間の非理性を見ようとするところから生まれる。つまり笑いは、理性や効率でがんじがらめにされている人間を笑って、本来の非理性を取り戻すための行為である。

また、正攻法ではなく、課題文と無関係に「笑い」の分析をするとすれば、たとえば「笑いには、硬直したものを笑うという面がある。たとえば落語で、賢くない人間が状況を無視して教えられたとおりの口上を述べるときに生じる笑いは、状況にうまく適応できない杓子定規な態度を笑うものだ」、あるいは「笑いは、対象の劣った点を見つけて、自分が優越感を覚えたときに生じる」などの論が可能だ。

どの方向で論じても、かなりの難問であることに違いはない。「笑い」とは何かについては古来しばしば論議されてきたが、それは逆に言えば、笑いを分析するのが難しいということだ。したがって、どの方向で書いてもそれに矛盾する例が見つかる。鋭い論にするのは難しい。どうしても、課題文と似たり寄ったりのことを書くか、それとも課題文の主張の具体例を挙げるだけになってしまう。が、その中でも何とか独自性を出すように工夫する必要がある。

ところで、いずれにしてもDとEの二つの実例があるわけだから、これも用いた上で自説の正しさを説明する必要がある。自分なりに笑いの意味を書き、それをDとEで実証するわけだ。二四〇〇字なので、具体的にしっかりと説明する必要がある。

解答例

Aの文章は、「笑いとは、愛情や憐憫などの情緒から引き離されたときに起こる。笑いは純粋理性に呼びかけるものだ」と語る。Bの文章は、「笑いは感情的表現ではなく、理性的な認識だ。滑稽なものの本質はズレにある。滑稽さの知覚とは、ものごとの全体的秩序を認識した上で、そこから外れたものを知覚することである」という意見を紹介している。Cの文章は、「われわれはパタン化された意味の中で生きている。そのような一義的な意味の秩序が揺らいだとき、おかしみが起こる。だから、おかしみは一義的な意味から逃れて、自由の広がりを啓示するものだ。特にその一義的な意味が強制的、権力的な場合に、緊張から解放されて、おかしみが起こる」とまとめられる。これらの文章はいずれも笑いが理性的なものであることを語っている。では、笑い、おかしさ、滑稽とは、本当に理性的な行為なのだろうか。

確かに、笑いには理性的要素もある。多くの笑いは、自分や対象を相対化して、冷静にものごとを見るときに生じる。たとえば、ひとりで必死に仕事をしているとき、少しもおかしさは感じない。仕事をやめて、たとえば鼻くそをほじったとしても、少しもおかしくない。そこに誰か別の人がいて呼びかけているのに、それにまったく気づかずに仕事を続け、しかも、人に見られていることに気づかないまま鼻くそをほじったとすると、笑いが生じる。つまり、ある行動を客観視する視線が生まれ、行動が相対化されるとき笑いが生じるのである。

ひとりで行動しているとき、その視線は自分に密着している。他者の視線が生まれることによって、自分が相対化され、理性が作動する。その行動が、考えてみればいかにおかしなことであるかが理性によって認識される。そこで笑いが生まれるのである。そのような意味において、笑いはしばしば理性的現象であるだろう。

だが、私は、笑いのすべてが理性的であるとは考えない。いや、それどころかむしろ逆に、笑いの多くは理性的ではなく、理性からはみ出したところにこそ生じると考える。

笑いとは、いわば感情の爆発である。感情の爆発というものは、理性の領域から感情がはみ出したときに起こる現象だ。それは笑いだけではない。涙も同じように、理性から離れたときに生じる。

人間はものごとを理性的に捉えようとする傾向を宿命的にもつ。どのような任意の数列を見ても、そこに偶然以上の何かを読み取ろうとする。因果関係のないところにも因果関係を想定しなければ気がすまないのが人間である。だが、人間の行動は常に理性的なわけではない。先ほど述べたとおり、人に見られているのに気づかずに鼻くそをほじったり、おならをしたり、慌てていておかしな行動をとったりする。人間はその行為自体も理性的に捉えようとするが、うまくいかない。どうしても飛躍が起こる。このように理性で捉えようとして捉えきれないときに、笑いが生じるのである。

もちろん、その笑いをのちに理性的に説明することはできる。しかし、笑いを説明することほど難しいことはない。どれほど上手に説明しても、理性的に説明したとたん笑いは消えてしまう。そのこと自体、笑いが理性を超えるものである証明といえるのではなかろうか。

たとえば、Dの例を見てみよう。これを読む者は理性的に判断して、「赤ん坊がマッチを呑みこんだ」という初めの言葉に対して、赤ん坊の健康を心配して「大変だ、すぐ医者に連れて行こう」「大変だ、マッチを吐き出させなくちゃ」といった反応を思い浮かべる。それが理性的な反応である。だが、「じゃ、このライターを使いなさい」という答えが返ってくる。すると、このジョークを読む者は、一瞬、理性を失い途方にくれる。そこに笑いが生じる。

Eでは、忍者（あるいは盗人）が侍から物を盗もうとするが、天井の穴が小さくて通せずに困っている様子が描かれている。そこでまずこの漫画を見る者は、間抜けな忍者におかしさを感じる。だが、三コマ目ではまだ笑いは起こらない。何が起こっているのか、どのような事情があるのか理性的に探ろうとする。すると四コマ目で、侍が「誰にも言わんからはやくおろせ」と口にする。ここで、忍者と侍の関係が逆転する。秘密を探るはずの忍者が秘密をつかまれてしまうわけだ。ここで、理性的にものごとを捉えるのが難しくなる。しかも、侍の顔の表情やするすると登っていく風呂敷包みの様子がいかにもおかしい。それらは、言葉で説明されることを拒否している。このような言葉で説明できないおかしさに接したとき、見る者に笑いが生じる。このように、理性的に捉えようとして筋道を失い、理性から外れたときに笑いが生じるのである。

こうした状況は、感動と同じだといえるだろう。芸術を味わうとき、理性的に分析しようとしている間は感動は生まれない。たとえば演劇を鑑賞していて、主人公の台詞や舞台装置の意味を解釈しようと夢中になっていると、いつまでも感動できない。だが、ふと解釈しようという意志をなくし、理性的に見ることを諦めて感情に身をゆだねると、感動につつまれる。それと同じように、笑いも、ものごとを理性的に捉えようとしているときには生じない。理性で捉えられなくなったときに生じるのである。

　以上述べてきたとおり、私は、三つの文章の主張に反対である。笑いは理性によるものではない、むしろ、理性を否定したところに生じるものだと私は考える。

著者紹介

樋口　裕一（ひぐち・ゆういち）

1951年大分県生まれ。多摩大学教授。早稲田大学第一文学部卒業後、立教大学大学院博士課程修了。フランス文学、アフリカ文学の翻訳家として活動するかたわら、通信添削指導による小論文ゼミナール「白藍塾」を主宰。小学生から社会人まで幅広い年齢層を対象にした独自の文章指導によって、「小論文の神様」と呼ばれている。250万部を越す大ベストセラーとなった『頭がいい人、悪い人の話し方』（PHP新書）の他、『発信力』（文春新書）、『たった400字で説得できる文章術』（幻冬舎）、『ホンモノの文章力』『ホンモノの思考力』（集英社新書）、『読むだけ小論文』（学研）、『早慶小論文攻略プログラム』（新評論）、『やさしい文章術』（中央公論新社）など多数の著書がある。またA・H・バー『アフリカのいのち』（共訳）、ソニー＝ラブ・タンシ『一つ半の生命』『苦悩の始まり』（以上新評論）、ジョルジュ・バタイユ『エロスの涙』（トレヴィル）など翻訳書も数多い。

新・大人のための〈読む力・書く力〉トレーニング
——東大・慶應の小論文入試問題は知の宝庫——

2003年8月1日　初　版第1刷発行
2007年4月20日　初　版第6刷発行
2009年3月30日　改訂版第1刷発行

著者　樋口裕一
発行者　武市一幸

発行所　株式会社　新評論

〒169-0051
東京都新宿区西早稲田3-16-28
http://www.shinhyoron.co.jp

電話　03（3202）7391
振替　00160-1-113487

定価はカバーに表示してあります。
落丁・乱丁はお取り替えします。

印刷　フォレスト
製本　桂川製本
装幀　山田英春

Printed in Japan
ISBN 978-4-7948-0796-0